# GALERIE HISTORIQUE

GÉNÉALOGIQUE ET BIOGRAPHIQUE

# DES SOUVERAINS

EUROPÉENS OU ORIGINAIRES DE L'EUROPE,

## ACTUELLEMENT RÉGNANTS

(1862-1863),

Ouvrage rédigé d'après des notices, rapports, pièces et documents officiels, des informations particulières et des correspondances diplomatiques spéciales,

PAR

GUSTAVE OPPELT,

CHEVALIER DE L'ORDRE IMPÉRIAL DE LA LÉGION D'HONNEUR, DÉCORÉ DE LA CROIX DE MÉRITE, DE L'ORDRE DE LA BRANCHE ERNESTINE DE SAXE, ETC.



BRUXELLES,

A. MERTENS ET FILS, IMPRIMEURS, 22, RUE DE L'ESCALIER.

1863

# S. M. LÉOPOLD Ier,

## ROI DES BELGES.

« Les destinées humaines n'offrent pas de tâche plus noble et plus utile que celle d'être appelé à maintenir l'indépendance d'une nation et à consolider ses libertés. »

Le Prince Léopold de Saxe-Cobourg.

## I

LÉOPOLD Ier, George-Chrétien-Frédéric, fils de feu le prince François-Antoine, duc de Saxe-Cobourg-Saalfeld, et de feue Auguste-Caroline-Sophie, duchesse de Saxe-Cobourg, né à Cobourg, le 16 décembre 1790.

L'origine de l'ancienne et illustre Maison du roi Léopold remonte aux premiers Margraves de Misnie, lesquels, après avoir établi leur autorité sur le Landgraviat de la Thuringe, étendirent plus tard leur domination sur le duché de Saxe.

Frédéric de Misnie ayant obtenu de l'empereur Sigismond l'électorat de Saxe, en reçut l'investiture définitive en 1425. Ce prince mourut à la suite d'une défaite essuyée par l'armée saxonne, alors qu'elle combattait contre les Hussites, et il eut pour successeur son fils Frédéric II. Celui-ci eut également beaucoup à souffrir des actes de violence accomplis par les sectaires de Jean Huss.

Ernest, son fils aîné, lui succéda en 1464, et devint le chef de la Branche Ernestine de la Maison de Saxe ; son second fils, Albert, devint à cette même époque le chef de la Branche Albertine, de la même Maison.

C'est au prince Ernest, souche de la ligne Ernestine de Saxe, que la famille du roi Léopold Ier prend son origine.

En 1486, Frédéric-le-Sage, succéda à son père le prince Ernest. Il mourut en 1525, et n'ayant pas laissé d'héritiers directs, l'électorat de Saxe devint alors l'apanage de son frère Jean-le-Constant, qui eut pour successeur son fils Jean-

Frédéric-le-Magnanime. Ce dernier devint le chef de la ligue de Smalkalde, qui perdit en grande partie sa puissance par suite de la mort, en quelque sorte simultanée, de François Ier, roi de France, et de Henri VIII, roi d'Angleterre.

Maurice, duc de Saxe et chef de la branche Albertine, mit à profit cette circonstance pour opérer une diversion en faveur de Charles-Quint. En 1542, il tira le glaive contre son cousin Jean-Frédéric, qui fut fait prisonnier de guerre et condamné à mort. Toutefois la sentence ne fut pas exécutée, et Maurice obtint de l'empereur Charles-Quint la grâce de son parent à la condition que celui-ci renoncerait à l'électorat de Saxe, dont Maurice avait reçu l'investiture en 1548, et ce jusqu'après l'extinction de la ligne d'Auguste, son frère et son successeur.

Cette convention fut conclue en 1552. Maurice ne rentra cependant pas dans l'intégralité de ses droits, mais la Branche Ernestine n'en parvint pas moins à reconquérir une à une ses anciennes prérogatives jusqu'à l'avènement de Ernest-le-Pieux, duc de Saxe-Gotha, marié à Élisabeth-Sophie d'Altenbourg, en 1675.

Ernest-le-Pieux eut sept fils qui créèrent les sept lignes de la Maison de Saxe; savoir : Gotha, Cobourg, Meiningen, Rombeldt, Eisenberg, Heldburghausen et Saalfeld.

Frédéric Ier, l'aîné des fils, succéda à Ernest-le-Pieux, et l'héritage devint ensuite le patrimoine de l'aîné de chaque génération jusqu'en 1825, époque à laquelle s'éteignit la ligne de Saxe-Gotha.

La famille qui règne en ce moment en Saxe prend donc son origine dans la branche cadette de l'ancienne Maison de Saxe, dite Branche Albertine, et appartient à une ligne collatérale des ducs de Saxe-Gotha, issus eux-mêmes de cette Maison, dite Branche Ernestine.

Jusqu'en 1786, les ducs de Saxe-Cobourg-Saalfeld étaient de très petits souverains allemands. Leur territoire se composait de la principauté de Saalfeld, de celle de Cobourg et d'une partie du comté de Henneberg; mais depuis lors les choses ont bien changé : la Maison de Saxe-Cobourg est aujourd'hui une des plus puissantes de l'Europe, et tout annonce qu'elle n'est pas encore parvenue aux limites de sa grandeur.

Le duc de Saxe-Cobourg-Saalfeld mourut en 1806. Son fils aîné, Ernest Ier, lui succéda; il avait épousé en 1817 la fille du duc de Saxe-Gotha, qui n'avait point d'héritier mâle; il succéda donc aussi à ce prince en 1825, et, par convention du 12 novembre 1826, il prit le titre de duc régnant de Saxe-Cobourg-Gotha, qu'il a transmis à ses successeurs, et que porte actuellement son fils Ernest II.

Le prince Léopold, devenu le Roi des Belges, était le sixième enfant et le plus jeune des fils du duc de Saxe-Cobourg-Saalfeld. L'empereur Léopold II lui servit de parrain et lui donna ce nom qui devait occuper une si large et sainte place dans le cœur de la nation belge.

Il grandit au milieu de l'orage révolutionnaire qui se répandait alors sur toute l'Europe. Fils d'un souverain qui régnait sur un territoire d'une centaine de lieues carrées, il ne devait pas éprouver le contre-coup de ces commotions violentes; mais élevé au milieu du fracas de l'Europe en armes, son éducation devait se ressentir des événements extérieurs; et, en effet, dès sa plus tendre jeunesse, il comprit les austères nécessités de la régénération sociale qui étendait sur la fin du siècle dernier son ombre sanglante et désolée; il comprit qu'un monde nouveau allait sortir des ruines du monde ancien, et il se prépara, par les études les plus sérieuses et les plus profondes, à y occuper le rang que rien alors ne faisait prévoir, mais dont il sentait sans doute en lui la suprême vocation.

Autour de lui grandissait en Allemagne la grande école qui s'illustrait des noms de Goëthe, de Schiller, de Kant, de Hegel, de Schlegel, et de tant d'autres, dont toute la génération d'alors suivait le glorieux mouvement. Cette influence se faisait sentir sur l'éducation du jeune prince. Dès l'âge de quinze ans, les langues anciennes et les principaux idiomes modernes n'avaient plus de secrets pour lui; il étudiait les sciences les plus abstraites, les mathématiques et le droit public, et se préparait ainsi à devenir à la fois diplomate habile et valeureux soldat.

C'est alors que du sein des batailles et des agitations de la France surgit comme un éclair le grand nom qui devait illuminer le monde de son éclat éblouissant: Napoléon Bonaparte, fondant brusquement un empire à la place de la république française, venait de s'élancer sur l'Europe, faisant et défaisant les Royaumes, bouleversant les États et recomposant toutes les dynasties. L'État de Saxe-Cobourg suivit la fortune commune, et pendant plusieurs mois les généraux de Napoléon dictèrent la loi au duc, qui ne survécut pas longtemps à l'envahissement de son duché.

Le prince Léopold avait seize ans à la mort de son père. Il n'avait pas vu sans une noble impatience des soldats étrangers usurper le pouvoir souverain de ses aïeux, et promener par toute la Saxe leurs réquisitions dévastatrices; mais son jeune âge le condamnait encore à une inaction qu'il ne put supporter longtemps. Deux ans plus tard, après avoir, pendant quelques mois, présidé à l'administration de la principauté de Saxe-Cobourg, de affaires de laquelle le prince s'est d'ailleurs souvent occupé, il partit pour Saint-Pétersbourg.

Le Duc régnant de Saxe-Cobourg et le prince Léopold avaient, depuis leur enfance, occupé des grades militaires dans l'armée russe; cette considération, jointe au privilége attaché à la haute naissance du prince Léopold, lui fit conférer, dès son arrivée en Russie, le grade de général de cavalerie, et, quoique âgé de dix-huit ans à peine, ses études spéciales l'avaient mis en état de remplir dignement ce poste d'honneur, ainsi qu'il sut le prouver sur plus d'un champ de bataille.

La Russie était alors en trêve avec la France, et Napoléon, au moment de s'engager dans la guerre d'Espagne, avait demandé au Czar de ratifier les promesses de fidélité qu'il avait faites à Tilsitt.

Le prince Léopold accompagna le Czar à la conférence d'Erfurt, et au milieu de tous les souverains qui formaient la cour des deux Empereurs, le jeune général de cavalerie fut particulièrement remarqué par Napoléon, qui lui témoigna les dispositions les plus bienveillantes. Avec ce coup d'œil d'aigle qui jugeait si bien les hommes et les choses, il pressentit la haute capacité politique et militaire de ce prince; aussi lorsque, deux ans plus tard, le colosse de l'Occident reportait la guerre en Allemagne, il exigea, comme première condition, que le prince Léopold abandonnât le commandement qu'il exerçait dans l'armée russe, et pour donner à ce vœu plus de force et plus d'importance, Napoléon menaça de prononcer la déchéance du duc Ernest, frère du prince Léopold. Celui-ci, avant de céder, partit pour Paris, où il eut une entrevue avec Napoléon lui-même, et ici il n'est point hors de propos de rappeler l'impression qu'il produisit sur le vainqueur de Wagram : « A ce voyage, écrivait Napoléon à Sainte-Hélène, Léopold était un des plus beaux hommes de Paris, brillant, plein d'élégance; il avait vingt ans. ».

Sous la menace directe dont son frère était frappé, le prince résista en vain aux exigences de l'Empereur Napoléon; mais étranger à la nation russe, il ne pouvait sacrifier au drapeau de cet empire les intérêts de son pays et de sa famille. Il rentra donc forcément dans le repos, tout en conservant, par faveur spéciale, son rang et ses droits dans l'armée russe, et il se retira à Cobourg pour attendre les événements qui se préparaient.

On le vit prendre part ensuite au congrès de Prague, puis sauver, en Bohême, le corps d'armée du prince de Wurtemberg, et repousser les Français à Pernau et à Peterswalden. Tandis qu'une fausse dépêche apportait à Paris la nouvelle qu'il était fait prisonnier, le prince Léopold dégageait le village de Prezen, et le lendemain, au contraire, amenait captifs les généraux Van Damme, Haxo, Guyot et Similon. Il commandait, à cette époque, la cavalerie du corps du comte d'Ostermann.

Tous ces faits s'étaient passés du 2 mai au 30 août 1813.

De si brillants services, rendus à un âge aussi peu avancé, furent récompensés par les ordres de Saint-Georges et de Marie-Thérèse, que le roi des Belges porte encore, et qu'il a gagnés comme les anciens preux gagnaient leurs éperons, à la pointe du sabre, au milieu des batailles.

Après l'homme de guerre, le diplomate se montre. Dans les conférences qui eurent lieu à Francfort, le prince Léopold alla revendiquer, devant les souverains qui se préparaient à réorganiser la confédération germanique, les titres et les droits du duc Ernest, son frère.

La lutte, un instant interrompue, ayant été reprise en février 1814, le prince coopéra à cette campagne.

La guerre terminée, il y eut en Europe une réaction générale vers les idées de concorde et d'alliance, réaction d'autant plus forte que la guerre avait été plus violente. L'empereur Alexandre, qui voulait réaliser l'union de tous les peuples et de tous les rois, se rendit à Londres avec les monarques alliés pour y préparer la fusion qu'il méditait — et que le prince Léopold encourageait de ses avis, — entre l'autorité des souverains et les droits des peuples, entre la royauté et la liberté. Le prince Léopold accompagna le Czar dans ce voyage. C'est alors qu'il vit la princesse Charlotte, fille du prince de Galles, régent d'Angleterre.

Cette princesse, âgée de dix-huit ans, était appelée, à la mort de son père, à monter sur le trône de la Grande-Bretagne. Les prétendants à sa main étaient nombreux. Au premier rang figurait le fils aîné du prince d'Orange, qui devait plus tard régner sur les Pays-Bas, avec le titre de Guillaume II. Tous les hommes d'État de l'empire britannique se prononcèrent pour lui; mais le cœur de la princesse Charlotte en décida autrement. Elle avait été frappée de la noble beauté du prince Léopold qui venait d'illustrer son nom avec tant d'éclat, et son choix s'arrêta sur lui; mais le mariage fut retardé par les événements de 1815, qui exigèrent la présence du prince Léopold à Vienne, pour les travaux préparatoires de la conférence de Paris.

La paix ayant été définitivement rendue à l'Europe, le prince Léopold reçut à Berlin un message qui lui annonçait que la main de la princesse Charlotte d'Angleterre lui était accordée. Il partit aussitôt pour Londres, où, en vertu d'un acte spécial du parlement britannique, il fut accueilli avec les honneurs rendus aux seuls membres de la famille royale. Son voyage par les villes de l'Angleterre fut une ovation non interrompue. Le régent lui conféra le grade de général; les communes lui votèrent un revenu annuel de cinquante mille livres sterling (1,250,000 francs); les magistrats de Londres le reçurent bourgeois de la cité, et la couronne lui fit don du château de Claremont, qu'il alla habiter avec sa jeune épouse, après le mariage, dont la célébration eut lieu à Carlton-House, le 2 mai 1816.

Mais, hélas ! le bonheur de cet auguste couple ne devait pas être de longue durée. Une double catastrophe devait bientôt y mettre fin. Le 6 novembre 1817, deux cercueils sortaient du château de Claremont : le prince Léopold pleurait son angélique compagne, morte à vingt et un ans, en donnant le jour à un fils qui ne devait pas connaître la vie!

Ce fut un deuil immense dans toute l'Angleterre. La cour se vêtit de noir pendant trois mois; la douleur de la nation entière, les témoignages de sympathiques regrets qui éclatèrent partout, eussent adouci les souffrances de l'époux et du père, si de pareilles blessures pouvaient se guérir.

Le régent d'Angleterre, voulant témoigner au prince Léopold que la mort de la princesse Charlotte n'avait nullement brisé les liens qui le rattachaient à sa nouvelle patrie, lui décerna la dignité de feld-maréchal et le titre de prince royal, avec le droit de porter les armes d'Angleterre et de siéger au conseil privé du souverain.

Pour consolider davantage encore ces liens que le caractère personnel du prince avait rendus chers à la famille royale d'Angleterre, le duc de Kent, quatrième fils du roi George III et père du régent, épousa, le 11 juillet 1818, la sœur aînée du prince Léopold, la princesse Marie-Louise-Victoire, née le 17 août 1786, et de cette union naquit, le 24 mai de l'année suivante, la reine

Victoria (1). De 1817 à 1826, le prince resta dans sa retraite de Claremont, cherchant dans l'étude et les nobles délassements de l'esprit, un adoucissement à la peine qui avait déchiré son cœur. Dans un voyage qu'il fit pour aller rejoindre sa mère en Allemagne, en juin 1826, il traversa Paris, et vit au Palais-Royal la fille aînée du duc d'Orléans, la princesse Louise-Marie qui n'avait alors que quatorze ans. Ce fut sans doute dans cette entrevue que prit naissance l'affection mutuelle qui devait donner plus tard à la Belgique une reine tant aimée et tant regrettée.

C'est à ses nombreux mariages, tantôt catholiques, tantôt protestants, que la maison de Saxe-Cobourg doit la brillante situation qu'elle s'est faite dans le monde; sa première grande alliance, celle qui a produit toutes les autres, fut contractée en 1816 par le prince Léopold, aujourd'hui roi des Belges; ce prince devint l'époux de la princesse Charlotte-Auguste, fille unique du prince-régent d'Angleterre, depuis Georges IV, et destinée à porter un jour la couronne de ses aïeux. La princesse Caroline de Brunswick, si fameuse dans les fastes judiciaires des Anglais, était la mère de la princesse Charlotte-Auguste. Le mariage du prince Léopold de Saxe-Cobourg-Saalfeld fut pour ce prince un coup de bonheur, mais il ne le dut qu'à lui-même. Cette alliance, disent les chroniques du temps, n'a aucun rapport avec la politique; le choix de la princesse s'est uniquement déterminé par son goût. Le prince Léopold, âgé de vingt-six ans, s'est fait remarquer à Londres, il y a dix-huit mois, par les grâces de sa personne et la dignité de ses manières. Il est très-instruit, non-seulement dans la science militaire, mais encore dans celle de l'économie politique. On lui attribue même divers écrits estimés. Son extérieur a fait une impression favorable sur le public anglais. Le mariage de la princesse Charlotte avec le prince Léopold devait avoir pour résultat de faire passer la couronne d'Angleterre dans la maison de Saxe-Cobourg, mais ce dessein échoua par suite de la mort prématurée de cette noble princesse.

(1) La duchesse de Kent est morte à Londres le 17 mars 1861, à l'âge 75 ans. Ses obsèques ont été célébrées à Londres au milieu des regrets universels. Pendant cette triste cérémonie, les affaires étaient suspendues et les boutiques fermées. Le deuil était conduit par feu le prince Albert, époux de la reine, qu'accompagnaient les princes de la Maison Royale d'Angleterre et plusieurs princes de la Maison d'Orléans. C'était une réunion de famille; car la duchesse de Kent était unie par des liens étroits et nombreux à la branche cadette de la Maison de Bourbon. Non-seulement le roi Léopold, son frère, avait épousé la fille aînée du roi Louis-Philippe, mais le duc de Nemours était devenu son neveu par son mariage avec la princesse Victoire de Saxe-Cobourg, sœur du roi de Portugal, et la princesse Clémentine était devenue sa nièce par son mariage avec le prince Auguste, frère du même roi. Les restes mortels de la princesse ont été placés dans la chapelle Saint-George à Windsor, près de la tombe de la princesse Charlotte. Mais ce n'est là qu'une sépulture provisoire; on a construit dans le parc de Frogmore, près du château de Balmoral, un mausolée, où la mère de la reine Victoria sera transportée plus tard et définitivement déposée.

## II

Cependant, de grands événements s'agitaient à l'autre extrémité de l'Europe. Les Grecs venaient de secouer le joug de la Porte, et le gouvernement provisoire, constitué à Athènes, d'accord avec les plénipotentiaires des puissances européennes réunis à Londres, offrirent au prince Léopold la couronne héréditaire de cette contrée, ainsi que le titre de prince souverain de la Grèce.

La note collective qui lui porta ce témoignage éclatant d'estime et de confiance des cours européennes, était datée de Londres, le 3 février 1830. Cette note s'exprimait ainsi :

« Les plénipotentiaires de France, de Grande-Bretagne et de Russie, ont pris en considération que, « parmi les personnes qui se recommandent le plus particulièrement au choix de l'alliance par leurs « qualités personnelles et leur existence sociale, le prince Léopold de Saxe-Cobourg offre à la Grèce et à « l'Europe entière toutes les garanties possibles; que, d'après les informations recueillies jusqu'à ce « jour, il y a lieu de penser que les Grecs le recevront pour souverain avec reconnaissance. »

Le prince Léopold ne se laissa point éblouir par cette offre, qui mettait à sa disposition une couronne souveraine. Fidèle au caractère noble et digne qui ne s'est jamais démenti en lui, il n'accepta qu'avec la réserve *qu'on laisserait aux Grecs le droit de s'opposer à sa nomination; qu'il réclamerait sur son élection leurs libres suffrages.*

La fixation des limites de la Grèce lui fournit aussi de graves objections. Les ministres plénipotentiaires s'efforcèrent de résoudre toutes ces questions, et ils se hâtèrent de proclamer l'acceptation du prince, *quoiqu'elle fût encore conditionnelle.* La nomination du nouveau souverain de la Grèce fut aussitôt notifiée officiellement à la Porte Ottomane et au gouvernement provisoire des Hellènes : car la diplomatie redoutait les germes de guerre européenne que renfermait dans ses flancs la situation de l'Orient.

Mais le prince Léopold, bien résolu à ne pas descendre au rôle d'instrument passif entre les mains des diplomates, chargea des agents dévoués d'aller en Grèce, d'y interroger l'opinion publique, et malgré les intrigues qu'on mit en jeu pour déguiser la vérité, à la suite d'une déclaration du sénat et du peuple grec, il abdiqua (1).

(1) Voici le texte de ce document :

« Le soussigné, après l'examen le plus approfondi, ne peut changer l'opinion qu'il a communiquée « aux plénipotentiaires des cours alliées. Il ne peut admettre que la réponse du président de la Grèce « renferme une adhésion pleine et entière aux protocoles; le soussigné pense qu'elle annonce à peine « une soumission forcée à la volonté des puissances; cette soumission forcée est même accompagnée « de réserves de la plus haute importance.

« . . . . . . . . . . . . . . . . . . . . . . . . . . . . . . .

« Le caractère et les sentiments du soussigné ne lui permettent ni de se soumettre à être ainsi

Bienheureuse abdication qui réservait le prince Léopold pour le bonheur de la nationalité belge.

Cet acte se trouve dans la dernière lettre du prince Léopold aux plénipotentiaires des trois cours alliées, et mérite à tous égards d'être enregistré par l'histoire.

« imposé à un peuple mécontent, ni de se trouver rattaché dans l'esprit de cette nation à une diminu-« tion de territoire, à l'abandon de ses forces militaires et à l'évacuation, de la part des Grecs, de leurs « terres et de leurs maisons, d'où les Turcs ne les avaient expulsés jusqu'à ce moment que par une « incursion temporaire.

« Le soussigné redoutait toujours ce résultat. Dans sa communication, adressée au premier lord de « la trésorerie, le 9 février 1830, il avait déclaré ne pouvoir gouverner les Grecs, conformément à un « traité qui pouvait avoir pour résultat l'effusion du sang et le massacre de leurs frères; il avait élevé « des objections contre les nouvelles frontières, à cause de leur faiblesse sous le point de vue militaire, « et réclamé formellement pour les Grecs le droit de s'opposer à sa nomination.

« Le soussigné doit faire observer qu'à aucune époque on n'a fait des démarches pour la rédaction « d'un traité dont il n'a regardé le protocole n° 1 du 3 février que comme les bases, sur l'importance « desquelles il a appelé l'attention du duc de Wellington dans la même note (du 9 février). Si ce traité « a été retardé, il ne l'a pas été par la faute du soussigné : il n'a jamais caché aux plénipotentiaires « que, quelque disposé qu'il fût à faire de grands sacrifices personnels à la Grèce, on n'avait pas le droit « d'exiger qu'il allât dans ce pays sans obtenir, pour lui et les Grecs, cette sécurité que l'on ne peut « trouver que dans les dispositions d'un traité solennel.

« Dans un *memorandum* du 8 mai 1830, il s'est exprimé en termes aussi positifs : il a annoncé qu'il « faudrait conquérir les provinces cédées par les Grecs pour les livrer aux Turcs, et que le nouveau « souverain ne pouvait commencer son règne par des mesures de police pour faire abandonner aux Grecs « leurs propres foyers.

« Si le sénat grec n'eût manifesté aucune opinion, ou du moins s'il l'eût manifestée en termes qui « permissent d'avoir l'espoir raisonnable qu'il adhérerait plus tard à ces mesures, le soussigné eût pu, « quoique bien involontairement, se soumettre à devenir l'instrument de l'exécution des décisions des « puissances alliées, et il se serait efforcé d'en prévenir les tendances; mais le langage du sénat est aussi « franc que ses sentiments sont naturels.

« Le soussigné se trouve ainsi, par sa nomination, dans la pénible position d'être rattaché par le « même acte à des mesures coërcitives : il faudra donc que son premier acte comme souverain soit, ou « de forcer ses sujets, par le secours des armes étrangères, à se soumettre à la cession de leurs biens « et propriétés à leurs ennemis, ou de se réunir à eux pour repousser ou éluder l'exécution d'une partie « de ce même traité qui le met sur le trône de la Grèce.

« Il est certain qu'il sera placé dans l'une ou l'autre alternative, parce que le pays situé entre les « deux lignes, l'Arcananie et une partie de l'Étolie, qui doit être abandonnée aux Turcs, est, ainsi que « les forteresses, dans la paisible possession des Grecs : c'est le pays où la Grèce peut, avec le plus « d'avantages, se pourvoir de bois pour la construction des navires; c'est le pays qui a fourni les meil-« leurs soldats pendant la guerre; les principaux chefs militaires grecs appartiennent à des familles de « l'Arcananie ou de l'Étolie. Après l'arrivée en Grèce du protocole du 28 mars 1828, et la publication « de l'adhésion des Turcs à l'extension des frontières fixées par le traité d'Andrinople, toutes les familles « qui avaient survécu à la guerre reparurent, et commencèrent à reconstruire leurs maisons ainsi que « leurs villes et à cultiver leurs champs. Jamais ces peuples ne se soumettront sans résistance au joug « turc, et les autres Grecs ne veulent ni ne peuvent les abandonner à leur sort.

« Le devoir du soussigné envers la Grèce est donc tout tracé : dans toutes les transactions, il n'a vu « que les intérêts du pays; il a constamment protesté, dans ses communications et ses entrevues per-« sonnelles avec les ministres d'Angleterre et les plénipotentiaires des cours alliées, contre le projet « d'entraîner les Grecs par la force à conclure un arrangement quelconque qu'ils regarderaient comme « contraire à leurs vœux et destructif de ces droits sur lesquels, comme le fait observer justement le

## III

Quelques mois plus tard, la révolution éclatait en Belgique, et dès que l'agitation fut calmée, lorsqu'il fallut choisir le souverain qui devait couronner et maintenir l'œuvre de septembre 1830, les regards se tournèrent vers le prince dont la noble conduite et la loyale abdication venaient d'émerveiller et d'étonner le monde. Le 4 juin 1831, il fut proclamé roi des Belges ; le 21 juillet de la même année il fit solennellement son entrée à Bruxelles et reçut la couronne que le peuple belge lui avait offerte.

Ce que le roi Léopold a fait depuis lors, tous les Belges le savent, toutes leurs institutions libres et respectées le disent, la gratitude de la nation entière et l'estime de l'Europe le proclament.

L'histoire impartiale, en enregistrant les événements de notre époque, après avoir consigné dans ses immortelles annales toutes les révolutions, tous les bouleversements, tous les changements de dynastie, les guerres de toute espèce, tant intestines que de peuple à peuple, dont nous avons été les témoins, sera bien heureuse de pouvoir reposer un moment son attention sur le spectacle que lui offre une nation paisible et indépendante, étrangère à tous les conflits, assistant à toutes les luttes sans s'y mêler, et n'ayant qu'une pensée, celle de se développer et de grandir. L'histoire écrira aussi : A cette époque où les dynasties se succédaient avec une effrayante rapidité, où l'on essayait de toutes les formes de gouvernement, où les rois tombaient des trônes comme des fruits trop mûrs de l'arbre qui les vit éclore, il y eut un souverain qui accomplit un long règne et qui se maintint toujours debout, toujours digne, toujours aimé de ses sujets, dont il protégea efficacement les libertés. Ce roi eut aussi, comme

« président (comte Capo d'Istrias), leurs grands sacrifices leur permettent d'insister. Lorsque le soussigné prévoyait qu'il deviendrait souverain de la Grèce, c'était dans l'espoir d'être reconnu *librement* et unanimement par la nation grecque, et d'être accueilli par elle comme l'ami qui récompenserait sa longue et héroïque lutte par la sûreté de son territoire et l'établissement de son indépendance sur des bases permanentes et honorables.

« C'est avec le plus profond regret que le soussigné voit ses espérances déçues, et qu'il est forcé de déclarer que les arrangements arrêtés par les puissances alliées et l'opposition des Grecs, lui ôtant le pouvoir de parvenir à ce but sacré et glorieux, lui imposeraient un devoir d'une nature bien différente, celui de délégué des cours alliées pour tenir les Grecs dans la sujétion par la force des armes. Une telle mission serait aussi contraire à ses sentiments et injurieuse à son caractère qu'elle est directement opposée au but du traité du 6 juillet, par lequel les trois puissances se sont réunies afin d'obtenir la pacification de l'Orient. En conséquence, le soussigné remet formellement entre les mains des plénipotentiaires un dépôt dont les circonstances ne lui permettent plus de se charger avec honneur pour lui-même, ni avantage pour les Grecs et les intérêts généraux de l'Europe.

« Londres, 21 mai 1830.

« LÉOPOLD, prince de Saxe. »

tous les autres, des partis extrêmes à concilier, une constitution, jeune encore, à faire respecter et à sauver dans l'effervescence des premiers moments, soit des empiétements des uns, soit de l'indifférence des autres, soit du zèle excessif de la plupart. Étranger à la nation qu'il fut appelé à gouverner, ce roi se mit de prime abord au niveau de sa difficile position : il comprit le pays et son esprit, il sut puiser dans l'étude du passé les notions qui lui étaient indispensables pour consolider la nationalité dans le présent et conjurer les dangers qu'on pouvait redouter dans l'avenir.

Ce roi dont l'histoire fera un si noble et si bel éloge, c'est le roi Léopold. Il a deux titres de gloire : celui d'avoir été fidèle à sa parole et celui d'avoir su conserver la couronne pendant trente ans avec la même grandeur, la même dignité, le même dévouement.

Autrefois les gouvernements avaient une existence plus longue, et le temps semblait avoir moins de prise sur les institutions politiques. C'eût été un petit mérite à cette époque d'avoir maintenu intacte, pendant un quart de siècle, la charte des libertés. Mais aujourd'hui on en est arrivé à un tel degré de décadence qu'on peut, après ce court espace de temps, se considérer comme un type de constance et de fidélité. Il serait trop long d'esquisser ici toutes les révolutions qui se sont succédé depuis trente années. D'ailleurs, une pareille énumération semblerait un excès d'orgueil; mieux vaut se montrer plus modeste dans cette relation et ne pas y mêler le triste nécrologe de tant de gouvernements tombés depuis que le trône de Belgique est debout. Ce succès, cette gloire, car c'en est une, on la doit en grande partie au Roi, qui possède à un si haut degré cette qualité, bien rare chez les souverains, celle de savoir rester fidèle à la foi jurée.

On pourrait bien aussi vanter la sagesse et la fermeté du Roi, la finesse de son esprit et l'élévation de son caractère : car c'est à ces qualités surtout que le roi Léopold doit attribuer l'amour dont on l'environne. Il a conservé le sceptre que le peuple a mis entre ses mains, parce qu'il ne l'avait pas demandé, et ensuite parce que, le tenant, il s'est toujours montré disposé à le remettre à ceux qui le lui avaient confié. Il fut le seul monarque, qui, en 1848, époque où les idées républicaines planaient sur l'Europe, offrit à ses sujets de descendre du trône, s'ils jugeaient que la république pouvait, mieux que la royauté, servir leurs intérêts. Mais alors il n'y eut qu'un cri dans toute la Belgique pour inviter Léopold I^er^ à conserver sa couronne; ce fut une nouvelle consécration de sa dynastie : un pareil respect pour les libertés du peuple alla droit au cœur de la nation.

Une année environ après l'avénement du roi Léopold, on eut connaissance de son projet de mariage avec la princesse Louise-Marie, l'une des nobles filles de Louis-Philippe d'Orléans, roi des Français, née à Palerme, le 3 avril 1812.

Le contrat fut signé à Paris, le 25 juillet 1832. Le roi Léopold partit le 6 août suivant de Bruxelles pour Compiègne, où le mariage fut solennellement célébré le 9. Cette date avait été choisie comme étant en même temps celle de l'anniversaire de l'union faite, deux ans auparavant, entre Louis-Philippe et la France, sous les auspices d'une charte mutuellement jurée. Les fêtes de Compiègne se prolongèrent jusqu'au 13, jour du départ de Leurs Majestés le roi et la reine des Belges, qui firent leur entrée triomphale dans la capitale de la Belgique le 19 août.

L'Europe vit dans cette union un nouveau gage de paix et de sécurité; et ce mariage, si satisfaisant pour l'honneur français, ajouta un nouvel éclat à la modération et à la grandeur de la révolution belge de 1830.

Du mariage de Léopold Ier avec Louise-Marie d'Orléans sont issus quatre enfants, dont trois fils et une fille.

L'existence de l'aîné de ces augustes enfants ne dura qu'une aurore : le prince Louis-Philippe naquit à Bruxelles le 24 juillet 1833, et mourut à Laeken, le 16 mai de l'année suivante. La cérémonie des funérailles, célébrée avec une grande pompe, eut lieu à Bruxelles, le 24 du même mois, dans l'église collégiale des Saints-Michel et Gudule; après le service funèbre, le cercueil fut descendu dans le caveau des ducs de Brabant, et aussitôt après on scella la pierre qui le recouvre (1).

Si la Providence soumit le Roi à cette cruelle épreuve, elle lui conserva et prit sous sa divine égide les trois autres enfants de la couronne de Belgique : le prince Léopold, duc de Brabant, né à Bruxelles le 9 avril 1835 ; le prince Philippe, comte de Flandre, né à Laeken le 4 mars 1837, et la princesse Charlotte, née à Laeken le 7 juin 1840.

Comme reine, épouse et mère, Louise-Marie d'Orléans était partout l'objet d'une respectueuse adoration, et chaque jour elle démontrait d'une manière plus saisissante la vérité des éloges que lui méritaient sa modestie, sa charité et en général toutes les qualités privées qui honorent à la fois la femme et la souveraine.

Le bonheur dont jouissait cette famille si belle et si unie devait de nouveau être troublée; une seconde fois elle fut plongée dans le deuil et l'affliction (2).

Quelque temps après les événements qui, en 1848, frappèrent la Maison d'Orléans, la reine des Belges, dont la piété filiale était si connue, devint malade; ses jours étaient menacés, mais personne ne soupçonnait la gravité du mal qui devait nous l'enlever.

Hélas ! ainsi que l'a si bien exprimé Alphonse de Lamartine, dans ses *Entretiens* :

> Notre vie est semblable au fleuve de cristal
> Qui sort humble et sans nom de son rocher natal;
> Tant qu'au fond du bassin que lui fit la nature,
> Il dort comme au berceau dans un lit sans murmure,
> Toutes les fleurs des champs parfument son sentier,
> Et l'azur d'un beau ciel y descend tout entier.

(1) Ce caveau est situé dans le chœur de l'église. Il contenait les dépouilles mortelles de Jean II, duc de Brabant, et de sa femme Marguerite, fille d'Édouard Ier, roi d'Angleterre, et d'Éléonore de Castille; celles d'Antoine, fils de Philippe le Bon; et celles d'Ernest, archiduc d'Autriche et gouverneur de la Belgique.

(2) Pour le texte officiel des pièces relatives à la Famille Royale de Belgique, non reproduites ici, on est prié de recourir à l'*Histoire de Belgique, de* 1830 *à* 1860, par Gustave Oppelt, et à la *Relation historique des solennités nationales qui ont eu lieu en Belgique de* 1853 *à* 1856, par le même auteur.

Dans l'espoir que le voisinage de la mer exercerait une salutaire influence sur la santé de la reine, la famille royale avait, dès le 5 septembre 1850, transféré sa résidence à Ostende. La science soutint d'abord cette espérance, mais il fallut, peu après, reconnaître que ses secours seraient impuissants pour prolonger des jours si précieux.

La mort est implacable, et il faut s'incliner devant les décrets de la Providence. Le 11 octobre 1850, à huit heures du matin, après une courte agonie, cette reine, la mère des pauvres et l'honneur de sa patrie adoptive, rendit son âme à Dieu!

La tombe de Weybridge était à peine fermée sur le roi Louis-Philippe, qu'une autre vint ainsi s'ouvrir pour une de ses filles chéries, et la sainte princesse qui recueillit le dernier soupir de l'ex-roi des Français n'était pas remise encore de cette première douleur, qu'une douleur nouvelle la saisit. En apprenant que sa fille était gravement malade, la reine Amélie était accourue... Ainsi frappée coup sur coup dans ses affections les plus chères, cette fidèle épouse, cette mère tendre et dévouée puisa dans sa foi et dans son inaltérable piété la force de résister à cette succession d'épreuves? La religion apprend à supporter les afflictions, elle en allége le poids, elle en adoucit la cuisante amertume; mais si la résignation donne le courage, elle ne commande pas l'indifférence, et nul ne pourrait sonder la plaie qui saignait dans ce cœur rempli d'angoisses.

La reine des Belges était depuis longtemps souffrante. Sa maladie n'avait pris un caractère aigu et alarmant que depuis quelques semaines. Elle était pourtant grave, et remontait à ces premières et douloureuses impressions qui, à l'époque de la mort de son frère le duc d'Orléans et de sa sœur la princesse Marie, commencèrent pour la reine des Belges cette série d'atteintes déchirantes où sa délicate nature et sa vive sensibilité durent à la fin succomber. « Les maux du corps ne sont rien! » disait-elle quelquefois. C'est au cœur, en effet, que l'avaient frappée ces deux morts prématurées. Ensuite, lors de la révolution de 1848, elle fut, pendant huit jours, sans nouvelles de ses augustes parents, que la tempête retenait sur les côtes de France. Cette émotion, dont elle ne se remit jamais complétement, fut une violente secousse pour sa santé déjà affaiblie et que de récentes douleurs avaient achevé de ruiner sans remède. Trop faible pour assister aux scènes désolantes du château de Claremont, la reine des Belges en ressentit le coup fatal. Elle est morte comme elle avait vécu, dans une inaltérable sérénité : car ce cœur si tendre et qui battait si vivement pour toutes les nobles affections, s'alliait à un esprit ferme et à une raison supérieure. L'arrivée soudaine de sa mère, de ses frères et de ses sœurs à Ostende, dut lui donner l'idée, si elle ne l'avait eue déjà, qu'un péril sérieux menaçait sa vie. Elle l'envisagea d'un œil calme, et on vit de nouveau, reproduit à moins de deux mois de distance et dans la même famille, ce spectacle d'une mort tranquille, acceptée sans plainte, avec une simplicité stoïque et une résignation chrétienne : là, dans l'exil, le père souriant à cette suprême épreuve, du sourire de l'homme de bien; ici, sur le trône, la fille accomplissant jusqu'à sa dernière heure cette œuvre d'abnégation sublime qui était le fond de son caractère et la source de toutes ses vertus, et cherchant à entretenir chez les autres, même en mourant, l'espoir qu'elle avait perdu.

C'est ainsi que la reine des Belges a cessé de vivre; elle fut douce en présence de la mort, comme elle l'avait été, pendant toute sa vie, envers le monde, et elle mourut uniquement préoccupée, jusqu'au dernier moment, de sa mission sur cette terre : aimer et consoler !

Le docteur Gueneau de Mussy et les médecins ordinaires de Sa Majesté furent frappés de l'aggravation subite des symptômes qui avaient fait hâter précédemment l'arrivée de la reine Amélie et des princes, symptômes qui s'étaient affaiblis pendant les premiers jours, par l'effet de cette entrevue si désirée. La reine Amélie fut prévenue que le danger devenait imminent pour sa fille; ce fut encore elle qui accomplit le douloureux devoir de lui transmettre cet avis de la science impuissante et désespérée, et l'auguste malade se prépara à remplir, avec une admirable lucidité d'esprit, ses devoirs de mère et de chrétienne. Le doyen De Coninck la confessa et lui administra, en présence du Roi et de toute la famille royale, les derniers sacrements. Ensuite, la reine Louise appela auprès d'elle ses trois enfants et les bénit. Ses frères et ses sœurs, la duchesse d'Orléans, la duchesse de Saxe-Cobourg, le duc de Nemours, le prince de Joinville, le duc d'Aumale et le duc Alexandre de Saxe-Cobourg reçurent alors chacun un adieu en particulier, sous forme d'entretien, comme si la mourante eût voulu enlever à cette séparation, qui devait être éternelle, ce qu'elle avait de douloureux et d'irrévocable : « J'ai voulu être prête à partir, disait-elle, mais je ne désespère pas. Consolez-vous, je me sens encore de la vie... »

La soirée se passa dans ces entretiens; la nuit fut pleine d'angoisses. Vers quatre heures du matin, le mal parut sans remède : la reine était à toute extrémité. Ni le roi Léopold ni la reine Amélie n'avaient quitté son chevet. Les princes et les princesses furent appelés : l'agonie commença. Elle fut douce, et laissa à la noble mourante toute sa raison, toute la netteté de son esprit, toute la délicatesse de sa sensibilité, éveillée jusqu'au bout sur les souffrances de sa famille et oubliant les siennes propres. Elle récita avec le prêtre les prières des agonisants; elle embrassa de nouveau ses enfants; et quand la voix lui manqua, quand déjà ses yeux se voilaient sous les approches de la mort, elle demanda la main du Roi, la retint dans la sienne et la baisa! Quelques instants après, la reine Louise-Marie n'était plus, et sa chambre retentissait de sanglots...

Nous ne peindrons pas les manifestations de la douleur publique pendant ces trois jours d'anxiété passés à Ostende. Comment décrire d'ailleurs l'émotion causée par cette triste mort? L'universelle préoccupation des esprits, la suspension générale des affaires, la douleur qui se lisait sur tous les visages, la démontrèrent mieux qu'on ne saurait l'exprimer. La reine Louise était chérie : ce mot est le seul qui traduise justement les sentiments qu'elle inspirait au peuple belge. C'est le mérite de ce peuple si sage, d'avoir su apprécier cette nature si élevée et si douce, si indulgente et si noble, si vraiment grande et si simplement bonne.

Nous disons que c'est son mérite; car l'amour du peuple belge pour cette reine qu'il a perdue et les regrets de cette loyale nation ont eu, pour être écoutés, d'autres organes plus accrédités que nous ne pouvons l'être. C'est ce témoignage qui importe à la mémoire de la reine, et il ne lui a pas manqué. La Belgique n'a eu qu'une voix pour proclamer la grandeur de la perte qu'elle avait faite; mais plus elle la sentit, plus elle se rallia à son roi qui l'a si habilement gouvernée depuis trente ans, à ses institutions qui l'ont sauvée, parce qu'elle leur resta fidèle, et plus elle pratiqua avec énergie et persévérance ces vertus sérieuses qui firent d'un des plus petits royaumes de l'Europe l'un des modèles des plus grands.

Si cette perte fut grande pour la Belgique, pour les princes de la famille d'Orléans, elle fut immense. La reine des Belges, autrefois le conseil, et le conseil toujours écouté dans leur haute fortune, était devenue l'ange de leur exil et leur providence dans l'adversité. Elle était un des liens les plus puissants de ce bon accord qui est à la fois la force des familles et celle des empires. Pourquoi déguiser cette perte, si cruelle qu'elle soit? La reconnaître et la constater, c'est le plus noble hommage qui puisse être rendu à la mémoire de cette Reine. Rendons-lui donc cet hommage sans restriction; car si éprouvée qu'elle ait pu l'être dans une de ses affections les plus chères, la famille d'Orléans n'en supporta pas moins avec un rare courage les épreuves successives qui l'atteignirent. Le vide que la mort sema autour d'elle, il sera comblé, il l'est déjà, parce que chaque fois que la mort frappe dans ses rangs, ses rangs se rapprochent, comme ceux des braves devant l'ennemi. Elle avait perdu dans le duc d'Orléans l'espoir du règne, dans la princesse Marie une des brillantes fleurs de sa couronne de jeunesse, dans le roi Louis-Philippe, le chef respecté de cette noble Maison; elle perdit, dans la reine des Belges, l'appui, la consolation, le conseil dans la bonne comme dans la mauvaise fortune. Mais cette famille est unie, elle est courageuse; une brèche faite dans ce rempart de fraternelle solidarité qui la protége, est aussitôt réparée; un nom disparu est aussitôt remplacé; les cœurs sont brisés, mais les âmes résistent; le présent est triste, mais l'avenir est souriant; il y a là tout ce qui aplanit les voies de l'avenir : la jeunesse, le courage, l'intelligence, l'éducation, l'amour du pays, la bonne conscience et la reine Amélie, c'est-à-dire la bonté du cœur unie à l'élévation de l'esprit, la vertu presque sanctifiée par la souffrance.

Ne nous arrêtons pas davantage au récit de ce lugubre événement; ajoutons seulement que, dans un mouvement de spontanéité sublime, une souscription nationale a été ouverte pour ériger, à la mémoire de la Reine, un monument destiné à transmettre à nos arrières-neveux le souvenir de ses vertus (1).

(1) A la suite de la mort si regrettable de S. M. Louise-Marie, reine des Belges, décédée le 11 octobre 1850, il fut ouvert dans le pays une souscription nationale dont le produit fut affecté, sur les propositions d'une commission spéciale, à l'érection d'une église monumentale à Laeken, destinée à recevoir les restes mortels de la Reine et à servir en même temps de lieu de sépulture pour les membres de la famille royale. Dès le 14 du même mois, l'érection de cette église fut décrétée par arrêté royal, pris sur la proposition des ministres de la justice et de l'intérieur.

Le 9 avril 1853, S. A. R. le duc de Brabant, l'héritier présomptif du trône de Belgique, atteignit sa majorité politique. L'administration communale de Bruxelles prit une part directe aux manifestations, tant pour célébrer d'une manière solennelle cet important événement que pour signaler l'allégresse universelle.

Des fêtes brillantes eurent lieu dans tout le pays.

Le même jour, le duc de Brabant arriva du château de Laeken au palais du roi, à Bruxelles, puis se rendit au palais du Sénat, pour assister, selon le vœu de l'article 58 de la Constitution, à la séance solennelle de son installation. Le prince de Ligne, président du Sénat, lui adressa un discours de félicitations auquel le prince répondit par des paroles profondément senties, puis il prêta le serment constitutionnel. LL. AA. RR. le comte de Flandre et la princesse Charlotte, le corps diplomatique et un grand nombre de membres de la Chambre des représentants occupaient les tribunes. Tous les ministres étaient à leur banc. La garde civique et les troupes de la garnison avaient pris les armes et formaient la haie sur le passage du prince royal. Le Sénat et la Chambre des représentants allèrent ensuite présenter des adresses de félicitations au roi ; le soir, la famille royale assista à une fête magnifique qui lui fut offerte à l'hôtel de ville de Bruxelles, et le lendemain, dimanche, un *Te Deum* en actions de grâces fut chanté dans l'église collégiale des Saints-Michel-et-Gudule.

Quelques mois après, un autre événement vint raviver le bonheur de la famille royale et la joie de la nation.

Le 30 mai 1853, le ministre des affaires étrangères annonça, d'après les ordres du roi, au Sénat et à la Chambre des représentants, le prochain mariage de S. A. R. le duc de Brabant avec S. A. R. et I. Marie-Henriette-Anne, archiduchesse d'Autriche.

Les deux Chambres allèrent présenter leurs félicitations à Sa Majesté, qui les reçut en audience solennelle. Le mariage par procuration fut célébré le 10 août 1853, dans la chapelle du château de Schœnbrunn, en présence de l'empereur et de la famille impériale d'Autriche. S. A. R. et I. la duchesse de Brabant partit de Vienne le 14 pour Bruxelles, et, le 20, elle arriva à Verviers, où S. M. le roi et LL. AA. RR. le duc de Brabant, le comte de Flandre et la princesse Charlotte s'étaient rendus pour la recevoir. Peu d'heures après, le train royal atteignait la station du Nord, à Bruxelles.

Le mariage civil fut célébré publiquement, le 21 août, dans une des salles du palais de Bruxelles. Le mariage religieux fut célébré le lendemain, dans l'église des Saints-Michel-et-Gudule. Le cardinal-archevêque de Malines officiait, assisté des évêques des autres siéges.

A cette occasion, le roi conféra aux deux princes royaux le grade de général-major.

L'administration communale de Bruxelles organisa des réjouissances publiques, et après les fêtes de Bruxelles, la famille royale visita successivement Termonde, Gand, Bruges, Ostende, Anvers et Liége.

L'archiduchesse Marie et son époux le duc de Brabant descendent l'un et l'autre de Marie-Thérèse. Ce dont on ne se rend peut-être pas un compte exact, c'est le dégré de cette descendance, beaucoup plus rapproché qu'on ne le suppose généralement.

Marie-Thérèse est la bisaïeule de la duchesse de Brabant, dont le père, l'archiduc Joseph, était, par Léopold II, petit-fils de la grande impératrice.

L'empereur d'Autriche actuel, François-Joseph, est donc descendant de cette dernière à un degré plus éloigné que la duchesse de Brabant : car il n'est que le petit-fils de l'empereur François Ier, frère de l'archiduc Joseph. L'impératrice Marie-Thérèse n'est, par conséquent, que sa trisaïeule.

Quant au duc de Brabant, il est descendant de Marie-Thérèse absolument au même degré que l'empereur d'Autriche actuel ; seulement il l'est par les femmes, tandis que François-Joseph descend de la ligne masculine. En effet, la reine des Français, Marie-Amélie, grand'mère du duc de Brabant, est fille de la reine Marie-Caroline de Naples, fille elle-même de Marie-Thérèse.

Le tableau suivant fera mieux comprendre ces généalogies :

MARIE-THÉRÈSE,

| Joseph II, mort sans enfants. | Léopold II, | | Marie-Caroline. |
|---|---|---|---|
| | François Ier. | Archiduc-Joseph. | Marie-Amélie. |
| | Archiduc Charles. | Archiduchesse Marie. | Louise-Marie. |
| | François-Joseph. | | Duc de Brabant. |

De l'union du duc de Brabant naquirent : 1° la princesse Louise, née à Bruxelles le 1er février 1858 ; 2° le prince Léopold, comte de Hainaut, né à Laeken le 12 juin 1859. Ces événements furent accueillis avec le plus vif enthousiasme patriotique par la nation entière, et la plupart des villes et des communes manifestèrent, par des adresses de félicitations, la joie que faisait éclater la naissance d'un nouvel héritier présomptif de la couronne. Bornons-nous à reproduire ici celle de ces adresses qui fut présentée au roi par la Chambre des représentants :

« Sire,

« Un événement heureux est venu combler les vœux de Votre Majesté. La Chambre des représentants « s'unit, comme la nation elle-même, aux joies de votre auguste famille. Dans cette troisième génération, « la Belgique aime à saluer un gage nouveau de la perpétuité de ses institutions et de son indépendance.

« Elle se félicite de voir ainsi la sage influence du fondateur de la dynastie se prolonger dans « l'avenir. Que le comte de Hainaut grandisse à l'illustre école du règne de son aïeul ! Il y apprendra « quelle solidité et quel éclat la couronne d'un roi belge emprunte aux libertés de son peuple. Que le « spectacle de cette merveilleuse entente du pays et du souverain, de cette confiance mutuelle qu'aucune « situation n'altère, qu'aucune épreuve n'affaiblit, pénètre sa jeune âme d'une pieuse émotion. Que de « bonne heure il apprenne à s'élever au niveau de ce noble enseignement. Puisse-t-il surtout y puiser « la conviction que, pour le monarque comme pour le peuple, le secret d'une destinée si pure et si vraie, « ce sont leurs communs sentiments de loyauté, leur commun patriotisme, leurs communs et inces- « sants efforts de modération et de prudence. Heureux, Sire, l'État qui s'enrichit du trésor de pareilles « traditions ; heureux les princes appelés à les recueillir et à les suivre ; heureux celui à qui l'histoire « les fera remonter. »

# IV

Le 21 juillet 1856 fut le vingt-cinquième anniversaire de l'avénement du roi Léopold Ier, et pour en perpétuer le souvenir, une croix commémorative fut ajoutée aux Ordres Nationaux de Belgique (1).

(1) Ordres royaux et Nationaux de Belgique. — *Croix de fer*. — Le gouvernement provisoire, par arrêté du 14 janvier 1831, avait institué une *Étoile d'Honneur* à décerner aux patriotes dont le dévouement avait contribué au triomphe de la révolution. Cet arrêté, qui dépassait les attributions du pouvoir exécutif, ne fut point appliqué; un décret du Congrès National, en date du 28 mai 1831, en prononça l'abrogation. Mais un article spécial de la loi budgétaire du 8 octobre 1833, sanctionné par le roi Léopold, consacra une somme de vingt-cinq mille francs à une décoration à décerner aux membres du gouvernement provisoire et aux autres citoyens qui, depuis le 25 août 1830 jusqu'au 4 février 1831, ont été blessés, ont fait preuve d'une bravoure éclatante dans les combats soutenus pour l'indépendance nationale, ou ont rendu des services signalés au pays. Une autre loi, en date du 17 février 1835, alloua de nouveaux crédits dans le même but. Ainsi fut instituée la décoration de la *Croix de Fer*, nom parfaitement approprié à une distinction intimement mêlée à des souvenirs de combats et de luttes, et qui s'éteint avec les hommes qui ont eu l'honneur de la mériter.

Cette décoration consiste en une croix de fer à quatre branches; l'écusson porte le lion belge en or, entouré d'un cercle aussi en or, et sur le revers le millésime 1830. Le ruban est fond rouge moiré, bordé de chaque côté d'un liséré noir et d'un liséré jaune, formant les couleurs nationales.

*Ordre de Léopold*. — Tous les Belges peuvent prétendre à une distinction nationale, créant au sein de la grande famille une famille d'élite, composée des citoyens qui, dans l'administration, dans l'armée, dans la société, ont bien mérité du pays. Cette appréciation domina les suffrages de la Chambre des représentants qui, le 6 juillet 1832, adopta définitivement un projet de loi instituant l'Ordre de Léopold. Renvoyé au Sénat, ce projet y fut également adopté; et, le 11 juillet 1832, le Roi promulgua la loi consacrant l'existence de cet Ordre.

La décoration de l'Ordre de Léopold consiste en une croix blanche émaillée, portant une guirlande de laurier et de chêne entre chacune des quatre branches, et ayant d'un côté, au milieu, un écusson non émaillé, entouré d'un cercle rouge entre deux petits cercles d'or, avec le chiffre du roi, composé de deux L et de deux R, et au revers les armes du royaume de Belgique, avec la devise prescrite par la loi, en lettres d'or, en exergue; le tout surmonté d'une couronne royale. Le ruban est ponceau moiré.

*Croix Commémorative de* 1856. — Afin de perpétuer le souvenir des Fêtes Jubilaires de 1856, sur la proposition du Ministre de la Guerre, et par un document dont la teneur suit, le roi institua une distinction commémorative en faveur des officiers, sous-officiers et soldats de l'armée belge :

« LÉOPOLD, Roi des Belges,

« A tous présents et à venir, Salut.

« Voulant, à l'occasion du vingt-cinquième anniversaire de Notre règne, décorer d'un signe com-
« mémoratif de cet événement les officiers, sous-officiers et soldats qui, pendant cette période de
« vingt-cinq ans, n'ont pas cessé de rendre au pays et à Nous de bons et loyaux services;

« Sur la proposition de notre ministre de la guerre,

« Nous avons arrêté et arrêtons :

« Art. 1er. Une décoration commémorative, dont le modèle est joint au présent arrêté, est décernée

Interprètes des sentiments de reconnaissance qui animaient la nation à l'égard du monarque de son choix, les Chambres législatives voulurent, par des solennités et des fêtes, célébrer dignement l'événement dont le souvenir était cher au cœur de tous les Belges. Il entra dans leur pensée que toutes les provinces fussent appelées, chacune avec l'originalité de ses inspirations propres, à contribuer à la splendeur des fêtes de la capitale.

Une loi du 23 mai 1856, votée sur l'initiative de la Chambre des représentants, ouvrit un crédit au gouvernement, qui reçut la mission de prendre les mesures nécessaires pour atteindre le but que la Représentation Nationale s'était proposé. Une commission centrale fut instituée à l'effet de rédiger un projet de programme des cérémonies et des fêtes qui seraient célébrées à cette occasion, et prescrivit la formation, dans chaque province, de comités chargés d'organiser le concours de chacune d'elles dans la manifestation grandiose dont les dispositions principales reçurent leur exécution de la manière suivante :

Le 21 juillet 1856, à midi, le roi partit du château de Laeken, et fit son entrée à Bruxelles par l'ancienne porte du même nom, où il fut reçu et complimenté par

« à tous les officiers en activité de service qui, à la date du 21 juillet 1856, ont vingt-cinq ans de « service actif, sans interruption, dans le grade d'officier.

« Art. 2. Une autre décoration commémorative, dont le modèle est également joint au présent « arrêté, est décernée aux sous-officiers et soldats en activité de service qui, à la date du 21 juil- « let 1856, ont vingt-cinq ans de service actif, effectif et sans interruption, comme miliciens ou « volontaires.

« Art. 3. Notre ministre de la guerre est chargé de l'exécution du présent arrêté.

« Donné à Laeken, le 20 juillet 1856.

« Par le roi :
« *Le ministre de la guerre,*
« Greindl. »

« LÉOPOLD.

Par une disposition royale du 13 novembre 1856, et sur la proposition du Ministre de l'Intérieur, cet arrêté fut étendu à la garde civique. Voici cette disposition :

« LÉOPOLD, Roi des Belges,

« A tous présents et à venir, Salut.

« Sur la proposition de Notre ministre de l'intérieur,

Nous avons arrêté et arrêtons :

Art. 1er. Notre arrêté du 20 juillet 1856, instituant en faveur de l'armée une décoration commémo- « rative du vingt-cinquième anniversaire de l'inauguration de Notre règne, est étendu à la garde civique « active.

« Les décorations sont décernées par nous aux officiers, sous-officiers, caporaux, brigadiers et gardes « qui justifieront, dans un délai de trois mois, des conditions exigées par ledit arrêté.

« Art. 2. Notre ministre de l'intérieur est chargé de l'exécution du présent arrêté.

« Donné à Laeken, le 13 novembre 1856.

« Par le roi :
« *Le ministre de l'intérieur,*
« P. De Decker. »

« LÉOPOLD.

le conseil communal. Sa Majesté traversa la ville, en parcourant l'itinéraire qu'elle avait suivi lors de son entrée solennelle à Bruxelles, le 21 juillet 1831.

Des arcs de triomphe et des décorations brillantes avaient été disposés sur tout le parcours du cortége royal. Les anciens membres du bureau du Congrès national, à la tête des anciens membres de cette assemblée, attendirent le roi à la place Royale et le complimentèrent. Le roi se rendit à la place de Saint-Joseph, où les Chambres législatives attendaient Sa Majesté. Le corps diplomatique, les dignitaires de la cour, les ministres, les corps constitués, toutes les autorités civiles et militaires, ainsi que des députations des autorités provinciales, communales, des cours d'appel et des universités, de toutes les légions de la garde civique du royaume et de tous les régiments de l'armée, étaient présents.

Après la lecture des adresses, S. E. le Cardinal-archevêque de Malines, assisté de LL. GG. les évêques de Belgique et du clergé, se rendit processionnellement à l'autel érigé sur la place et entonna le *Te Deum*, qui fut suivi du *Domine salvum fac regem.* Cette cérémonie terminée, les députations de la garde civique et de l'armée défilèrent devant le roi et la famille royale. S. A. R. Ernest, duc régnant de Saxe-Cobourg-Gotha, auguste neveu de Sa Majesté et frère de feu S. A. R. le prince Albert d'Angleterre, ainsi que S. A. R. le prince Georges de Saxe, étaient venus l'un et l'autre de l'Allemagne, pour assister à cette imposante solennité.

Les fêtes se terminèrent le 23 juillet. Elles eurent une splendeur qui laissera de longs souvenirs dans la mémoire du peuple, et elles produisirent un effet retentissant à l'étranger. En France, en Angleterre, en Allemagne, en Autriche, en Russie, en Italie, en Espagne, partout, enfin, ces solennités excitèrent l'admiration des souverains et des populations. La commission directrice reçut les éloges les plus flatteurs de la Belgique tout entière, et une large part dans ces éloges, si justement mérités, revint à l'honorable président de cette commission, M. Édouard Stevens, Secrétaire Général du Ministère de l'Intérieur.

Le roi adressa, peu de temps après, le manifeste suivant à toutes les communes du royaume, pour leur exprimer les sentiments que lui fit éprouver l'éclatante démonstration qui signala le vingt-cinquième anniversaire de son règne :

MANIFESTE ROYAL.

Aux fêtes nationales célébrées dans la capitale du royaume, comme aux fêtes données dans les chefs-lieux des provinces, partout j'ai accueilli avec émotion la manifestation spontanée de ces sentiments si nobles et si excellents auxquels la Belgique m'avait habitué, mais auxquels la circonstance du vingt-cinquième anniversaire de l'inauguration de mon règne a imprimé un caractère particulier de solennité et de grandeur.

J'aurais voulu me rendre jusque dans les plus humbles communes, pour m'y voir entouré de ces fidèles populations qui ne constituent pas la partie la moins importante du pays au bonheur duquel j'ai consacré toute une vie de sollicitude et de dévouement.

Je suis heureux de pouvoir, par l'organe des administrations communales, faire parvenir au peuple belge tout entier l'expression vraie de la reconnaissance dont mon cœur est pénétré à la vue de tant d'affection et de tant de confiance.

LÉOPOLD.

Bruxelles, le 15 septembre 1856.

# V

Vingt-cinq ans s'étaient écoulés depuis que la Belgique avait cessé de subir la domination étrangère; et pourtant, au premier bruit de cette victoire populaire, l'Europe avait tiré les plus mauvais présages du sort de ce pays qui semblait alors courir à son démembrement. L'issue de la révolution belge inspirait de la défiance et de la crainte; la séparation d'avec la Hollande semblait devoir priver le nouveau royaume de tout élément de prospérité, en lui enlevant le commerce, le capital et l'industrie. Non-seulement la Belgique avait à se donner un gouvernement régulier au milieu du chaos des partis que la révolution avait laissés derrière elle, mais il lui fallait encore réorganiser, ou, pour mieux dire, créer de nouveau son commerce et son industrie que la révolution avait à peu près détruits.

Après avoir supporté pendant des siècles le joug de l'étranger, les Belges reconquirent le droit de se gouverner eux-mêmes, et fondèrent leur indépendance en 1830. La révolution fut leur œuvre propre; pour la faire, ils n'avaient reçu ni conseils, ni secours, et c'est dans leur pleine indépendance aussi qu'ils élaborèrent leur Constitution. Cette Constitution, essentiellement libérale et démocratique, étant votée, on s'occupa de choisir un souverain à qui l'on pût, avec toute sûreté, en confier l'exécution. La grande difficulté était de trouver un prince à qui l'on pût se fier pour exécuter fidèlement son serment. Les antécédents et le caractère personnel du prince Léopold offrirent les garanties requises; lui, de son côté, accepta la couronne. Le roi Léopold remplit fidèlement ses engagements, et, après vingt-cinq ans de règne, ses sujets, à quelque opinion qu'ils appartinssent, s'unissaient dans un concert unanime pour reconnaître qu'il était toujours resté dans les limites de sa souveraineté, et qu'il avait constamment travaillé à consolider les libertés populaires dont la garde lui avait été confiée. Un tel spectacle est trop rare de nos jours, pour qu'il soit permis de le laisser passer inaperçu dans l'histoire.

Le peuple, dont la sagacité est admirable en tout ce qui regarde ses besoins et ses espérances, sentit vivement, dès 1831, tout ce que l'avènement du roi Léopold renfermait de germes féconds pour son bonheur et ce qu'il recelait d'éléments encore mystérieux de vie, de force et de durée pour l'avenir; aussi, animés cette fois des plus vifs sentiments de reconnaissance, les Belges redirent, en 1856, ce Chant National, écrit une vingtaine d'années auparavant à l'occasion des Fêtes anniversaires de Septembre; car il faut que la Muse au calme sourire se mêle aux joies des populations aussi bien qu'à leurs haines et à leurs vengeances :

« Domine, salvum fac Regem. »

Salut! ô mon pays; salut! belle contrée,
De tes vieux habitants chérie et vénérée;
Salut! terre marquée au doigt de l'Éternel,
Où tout révèle aux yeux le pacte solennel
Des champêtres travaux, qui donnent l'abondance;
Du culte des beaux-arts, berceau de l'élégance;
D'un commerce où toujours règne la probité;
De la religion et de la liberté!
Salut, trois fois salut! Belgique fortunée,
Lorsqu'enfin s'accomplit ta noble destinée!

Par l'équité vaincue, après tant de débats,
L'Europe inscrit ton nom au rang de ses États!
Jouis, avec bonheur, de ton indépendance,
Sans oublier jamais tes jours de délivrance;
Ces jours où tes enfants, à travers les dangers,
Affranchirent ton sol du joug des étrangers!
Les entends-tu, criant : « Dieux, sauvons la patrie! »
De leur sang généreux la pierre fut rougie!
La mitraille, la mort, rien n'arrêta leurs pas;
Vainqueurs, blessés, mourants, tous bravaient le trépas!

D'un règne glorieux chantons l'anniversaire;
Écoutez retentir notre hymne populaire;
Hymne qui nous émeut de ses mâles accords,
Et qui fait tressaillir jusqu'aux cendres des morts,
De ces héros, martyrs d'un vrai patriotisme,
Dans la tombe entourés des palmes du civisme.

L'airain aussi résonne et porte jusqu'aux cieux
Cet autre chant d'amour, hymne religieux
Où l'âme, s'inspirant de la reconnaissance,
Proclame les bienfaits de la Toute-Puissance.
Quel peuple plus que nous en fut favorisé?
Ces eaux dont notre sol est partout arrosé;
Ces carrières, ces bois, et ces mines secrètes
Que féconda le temps à l'abri des tempêtes;
Et ces ports renommés, où vingt peuples divers
Nous versent à l'envi les biens de l'univers.
Enfin, tout ce qui peut augmenter l'opulence,
Le Ciel nous l'a donné. La seule indépendance
Manquait naguère encore à la félicité
Du Belge, qui semblait né pour la liberté.
Mais elle fut enfin le prix de la victoire!
Depuis lors, la Belgique, heureuse de sa gloire,
La rehaussant encor par les plus sages lois,
En confia la garde au plus digne des Rois.

Louons donc ardemment le Dieu de nos ancêtres,
Et mariant nos voix à celles de ses prêtres,
Qu'elles portent vers Lui la vive expression
Du vœu que forme encor toute la nation.

Me sera-t-il permis d'être son interprète?
D'écouter la croyance entraînante et secrète
Qui de mon âme émue est prête à s'échapper?
Pourquoi ne pas l'oser? Puis-je donc me tromper?
Ne suis-je pas un Belge, ami de la patrie,
De ses lois, de ses arts, de sa vaste industrie?
Tout mon destin s'attache à sa prospérité :
J'existe de sa vie et de sa liberté;
Sa foi m'a pénétré; je parle son langage :
Pour savoir sa pensée en faut-il davantage?

Les Belges, en ce jour, n'ont tous qu'un seul désir;
Dans le fond de son cœur chacun peut le saisir.
Il embrasse à la fois l'avenir politique,
Moral, industriel, agricole, artistique;
Mais l'affection seule en eût fait une loi.
Ce désir, le voici : QUE DIEU SAUVE LE ROI!

Et toi que notre choix appela sur le trône;
Toi qui des mains du peuple acceptas la couronne;
Qui sais faire honorer la souveraineté
En suivant d'un pas ferme et plein de dignité
Le chemin du devoir où ta vertu t'engage;
Qui de notre bonheur fais ton plus doux ouvrage;
Toi qui sus ajouter au sceptre tant d'éclat,
Et doubler à la fois les forces de l'État,
En formant cette heureuse et durable alliance
Qui nous donna pour Reine UNE FILLE DE FRANCE,

Ange consolateur par le Ciel couronné
Pour ton bonheur, le nôtre, et pour l'infortuné
Dont l'âme retrouvait d'heureux jours sur la terre,
Car LOUISE-MARIE allégeait sa misère;
LÉOPOLD! entends-tu nos prières pour toi;
Le Ciel en retentit : QUE DIEU SAUVE LE ROI!

Et la Nation entière répéta avec l'auteur de ces vers : Salut au Roi dont la présence garantit les droits, les libertés et la nationalité de la Belgique.

Ce qui ajoute à l'intérêt de toutes ces manifestations, — dit un éminent publiciste étranger (1), — c'est que la population bruyante n'est pas ce que recherche le roi

(1) *London-Review*, 1861.

Léopold. Ce monarque paraît plutôt éviter les acclamations populaires ; sa vie s'écoule tranquillement au sein d'une paisible retraite dans sa résidence de Laeken, loin du faste de cour qui d'habitude environne les royautés. Mais cette simplicité même qu'accompagne une dignité d'attitude extraordinaire, une affabilité pleine d'élégance et de grâce, ce goût prononcé pour une vie calme, consacrée à l'étude des questions qui intéressent le pays, cette humeur toujours égale, mais qui n'exclut en aucune manière la fermeté et l'énergie, cette bonté tranquille, cette sage impartialité en présence des passions qui s'agitent autour de son trône, sont autant de qualités propres à inspirer du respect et une sincère sympathie à un peuple organisé comme le peuple belge, peuple travailleur, difficile à émotionner et peu accessible aux séductions de la gloire et de la pompe. Ce caractère posé du roi des Belges donne naturellement du poids à toutes ses décisions, de la valeur à son jugement; cette loyauté avec laquelle le monarque, dans toutes les difficultés, a su contenir son pouvoir modérateur dans les limites du pacte fondamental juré en 1831 ; ce tact remarquable à saisir les courants d'idées qui gagnent du terrain et à les diriger dans les voies de la légalité; cette heureuse facilité à écarter les agitations qui naissent toujours d'une résistance opiniâtre opposée à des vœux légalement exprimés, ont entouré le roi des Belges d'une vénération méritée dans le pays et à l'étranger.

Le Roi et la famille royale eurent encore à constater, dans les annales de leur Maison, l'union de la princesse Charlotte, qui épousa S. A. I. et R. l'archiduc Ferdinand-Maximilien, frère de S. M. François-Joseph, empereur d'Autriche.

Le 27 juillet 1857, les cérémonies du mariage civil et du mariage religieux eurent lieu au palais de Bruxelles. La reine Amélie, le prince Albert d'Angleterre et les autres princes de la Maison royale de Saxe y assistèrent également.

Ce ne fut point un événement national, et ce fut dans le cercle de la famille qu'il dut être célébré; mais la nation ne resta pas étrangère à ce qui fit la joie d'un père dans la personne de son roi, et le bonheur d'une princesse qui rappelait les vertus d'une mère dont la Belgique honore la sainte mémoire.

Après avoir été longtemps éloigné de la capitale par une grave maladie, le roi Léopold fit solennellement sa rentrée dans Bruxelles le 23 septembre 1862, et l'Europe entière retentit des témoignages d'affection et de respect dont ce souverain fut de nouveau l'objet. A cette occasion on déclara universellement que dans ces manifestations éclatantes chacun reconnaissait la juste récompense d'un règne tout consacré à une grande cause. Léopold laissera un exemple mémorable, celui d'un souverain qui, pendant plus de trente ans, a servi avec sincérité et succès, sous la forme de la monarchie constitutionnelle, les intérêts de la liberté démocratique. En effet, la Constitution belge consacre la liberté de la presse, celle de l'enseignement, le droit de réunion et d'association ; elle fait une large part aux institutions communales et provinciales; elle repose partout sur le principe de la répression, substitué à celui de la prévention; elle se distingue, enfin, par un caractère spécial, l'indépendance respective et entière de l'Église et de l'État. C'est à la pratique sincère de cette Constitution que le roi Léopold a consacré sa vie : il en a assuré le jeu, réglé le mouvement; il a rendu cet immense service à l'Europe libérale, de démontrer par les faits que le régime constitutionnel n'est pas, comme on s'est trop hâté de l'affirmer, une simple utopie doctrinaire. Le règne de Léopold Ier a su concilier les traditions monarchiques, les nécessités de l'ordre et les irrésistibles tendances de la démocratie. La sincérité du roi Léopold a été tout son secret. Il a compris que son devoir était de gouverner par la force d'une direction habile, sans jamais engager avec les Chambres un conflit dont la Constitution ne lui aurait pas permis de sortir victorieux. Et c'est ainsi que, dans tout le cours de son règne, l'opposition est restée affaire de partis et de luttes parlementaires; elle n'est jamais remontée jusqu'au trône; elle ne s'est jamais attaquée à la Constitution.

Le pouvoir du roi Léopold est un modérateur qui n'oppose d'obstacle invincible à aucune expression de la volonté populaire; de là sa solidité. Barrez un fleuve, ses flots s'amoncelleront jusqu'à ce qu'ils aient emporté l'obstacle; de cette barre, faites une digue, et vous enfermerez le courant dans son lit. « Il y a,— disait le roi des Belges dans une circonstance difficile, — il y a, dans les pays qui s'occupent eux-mêmes de leurs affaires, de ces émotions rapides, contagieuses, se propageant avec une rapidité qui se constate plus aisément qu'elle ne s'explique, et avec lesquelles il est plus sage de transiger que de raisonner. » Simples et belles paroles, qui laissent voir le tempérament du vrai politique et qui résument en peu de mots toute la difficile mission de Roi constitutionnel.

15 Juin 1863.

# S. M. VICTORIA Ire,

## REINE DU ROYAUME-UNI DE LA GRANDE BRETAGNE ET D'IRLANDE.

« Puisse celui qui a implanté dans nos cœurs le besoin de connaître la vérité et qui nous a donné la faculté du raisonnement, afin que nous puissions en faire usage pour arriver à cette connaissance, sanctifier nos efforts et les bénir dans leurs résultats. »

Le Prince Albert d'Angleterre.

## I

Alexandrine-Victoire Ire, reine du Royaume-Uni de la Grande-Bretagne et d'Irlande, née à Londres, le 24 mai 1819, fille du prince Édouard, duc de Kent, et de la duchesse Marie-Louise-Victoire, princesse de Saxe-Cobourg-Saalfeld (1), veuve de S. A. R. le prince héréditaire Emich de Linange (2).

C'est la huitième dynastie qui occupe aujourd'hui le trône de la Grande-Bretagne.

Les sept premières étaient Anglo-Saxonnes; elles furent en possession de la couronne d'Angleterre de 455 à 1016, et, sous le nom de Hengist et Horst,

(1) Pour la généalogie de la Maison des ducs de Saxe, voir, dans cette *Galerie des Souverains*, la notice de S. M. Léopold Ier, roi des Belges.

(2) La duchesse de Kent est morte à Londres dans sa soixante-quinzième année; son père était le cinquième duc de ce titre, créé en 1675, en faveur de Jean-Ernest, septième fils d'Ernest Ier, dit le Pieux, duc de Saxe-Gotha. Ainsi la duchesse de Kent appartenait à une ligne collatérale des ducs de Saxe-Gotha, issus eux-mêmes de la branche aînée de l'ancienne Maison de Saxe, dite Branche Ernestine. On sait que la famille qui règne actuellement en Saxe prend son origine dans une branche cadette de cette Maison, dite Branche Albertine. Veuve du prince de Linange depuis le mois de juillet 1814, elle épousa, en 1818, le duc de Kent, quatrième fils du roi Georges III. Telle était alors la composition de la famille royale d'Angleterre, que les enfants du duc de Kent devaient hériter un jour de la couronne. Le duc de Kent mourut le 23 janvier 1820, laissant une fille, aujourd'hui la reine Victoria.

fondèrent tour à tour l'Heptarchie et l'Hexarchie après l'expulsion des Pictes et des Écossais. Les quatre royaumes Saxons de l'Heptarchie étaient : les royaumes de Kent, de Sussex, de Wessex et d'Essex; les trois royaumes Angles étaient ceux de Northumberland, d'Est-Anglie et de Mercse. Ces divers royaumes formaient ainsi une confédération dont les intérêts étaient traités dans l'assemblée appelée Wittenagemot.

En 827, Egbert-le-Grand, roi de Wessex, réunit tous ces royaumes sous sa domination, et créa la monarchie anglaise qui demeura l'apanage de ses descendants jusqu'en 1016. Vinrent ensuite la race danoise, de 1016 à 1066, puis la race normande, de 1066 à 1154. Les Plantagenets-Anjou montèrent alors sur le trône et s'y maintinrent de 1154 à 1399, époque à laquelle le pouvoir royal devint le partage de la Maison de Lancastre, de 1399 à 1485, puis de celle de Tudor ou Lancastre-York, de 1485 à 1603, et enfin de celle des Stuarts, de 1603 à 1714, tant en ligne masculine, par ordre de primogéniture jusqu'en 1689 (y compris l'interrègne républicain avec Olivier Cromwell, de 1649 à 1660), qu'en ligne féminine, de 1689 à 1714.

Les deux premières de ces sept dynasties arrivèrent au trône par droit de conquête, les cinq autres par droit héréditaire, du chef de l'alliance maternelle avec les ayants-droit, car la Maison deLancastre formait une ligne collatérale de la Maison des Plantagenets-Anjou.

Les Anglo-Saxons, les Danois et les Normands régnèrent exclusivement sur l'Angleterre, de 827 à 1154; les Plantagenets-Anjou, les Lancastre et les Tudor, sur l'Angleterre et l'Irlande, de 1171 à 1603; et les Stuarts sur l'Angleterre, l'Irlande et l'Écosse, c'est-à-dire sur la Grande-Bretagne et l'Irlande, de 1603 à 1714.

La huitième dynastie remplaça celle des Stuarts. Elle descend de la Maison de Brunswick-Lunebourg ou de Hanovre, dont les droits étaient assimilés à ceux de Brunswick, et elle eut en partage les honneurs et les priviléges de la royauté, à dater du 31 octobre 1714, en vertu de l'acte du 12 juin 1701. Cet acte définit les conditions d'hérédité au trône, et stipule que les prétendants à la couronne doivent appartenir à la confession protestante.

Sa Majesté la reine Victoria est le dernier rejeton de cette huitième dynastie, et elle en a créé une neuvième par le fait de son alliance avec la Maison de Saxe-Cobourg-Gotha.

A l'appui de ces détails généalogiques, on peut ajouter les points historiques qui suivent :

Depuis Egbert Ier, le royaume de la Grande-Bretagne et d'Irlande a eu vingt-deux rois saxons et danois; quatre d'origine normande, y compris Étienne de Blois; quatorze de la Maison de Plantagenet, cinq de la Maison de Tudor, six de celle de Stuart et cinq de celle de Brunswick.

Le roi de Danemark, Suénon, s'empara du pays sous le règne d'Ethelred, roi

Saxon; mais la dynastie danoise en fut de nouveau dépouillée par Édouard-le-Confesseur, avec lequel s'éteignit la Branche d'Egbert. En l'an 1000, Hérald d'Essex, descendant d'une ligne collatérale anglo-saxonne, obtint la couronne, mais il la perdit après la défaite que lui fit éprouver Guillaume Ier, dit le Conquérant, qui, pour justifier la descente qu'il fit à Pevensey, prétendit qu'Édouard, mis en fuite par les Danois, avait trouvé l'hospitalité chez lui et l'avait fait son héritier. Il eut pour successeur Guillaume II en 1087, auquel succéda, en 1101, Henri Ier; ce dernier octroya au peuple la charte des libertés. Henri Ier eut pour héritier le comte Étienne de Blois, qui avait épousé sa fille Adèle; mais ses droits à la couronne furent contestés par le comte d'Anjou-Plantagenet, du chef de son mariage avec Mathilde, autre fille de Henri Ier. Le roi Étienne étant mort sans laisser d'héritiers, Henri II, fils du comte d'Anjou, monta sur le trône. Son père lui avait légué l'Anjou; la succession de sa mère lui avait donné la Normandie; sa femme lui avait apporté en dot la Guienne et le Poitou, et en 1172 il fit la conquête de l'Irlande.

Son fils Richard, qui lui succéda, légua en mourant la couronne à son frère Jean-sans-Terre. Ce fut ce dernier qui, en 1215, signa la grande charte anglaise. Édouard Ier, petit-fils du roi Jean, annexa le pays de Galles à la couronne d'Angleterre. Édouard II, son fils, hérita du royaume en 1307. Il épousa, l'année suivante, Isabelle, fille de Philippe le Bel, et de ce mariage naquirent les prétentions de l'Angleterre à la couronne de France. La reine Isabelle ayant fait assassiner son époux, Édouard III lui succéda en 1327 et régna jusqu'en 1377, époque à laquelle lui succéda son petit-fils, Richard II, qui fut détrôné en 1399.

Jean de Gand, duc de Lancastre, et Edmond, duc d'York, tous deux fils d'Édouard III, furent les fondateurs de deux lignes collatérales qui, voulant respectivement faire prévaloir leurs titres à la royauté, suscitèrent des dissensions qui durèrent près d'un siècle. Néanmoins, après la chute de Richard II, la Maison de Lancastre s'empara du trône, et Henri IV, Henri V et Henri VI se succédèrent durant une période de trente ans. Henri VI, qui avait dépouillé les Anglais de toutes les possessions qu'ils avaient en France, sauf de la ville de Calais, fut renversé du trône par Édouard IV et assassiné dix années plus tard.

Édouard V fut appelé à succéder à son père; il avait alors douze ans. Richard III, duc de Glocester, ambitionnait la couronne, et, pour se l'approprier, il fit étouffer en juillet 1483, dans la Tour de Londres, Édouard V et son frère Richard, les deux seuls enfants d'Édouard IV.

Catherine, fille de Charles VI, roi de France, ayant perdu son mari Henri V, avait épousé en secondes noces un gentilhomme nommé Owen Tudor, qui eut la tête tranchée en 1461. De ce mariage naquit un fils, Edmond Tudor, comte de Richemont, père de Henri VII. Ce dernier ayant tué Richard III à la bataille de Bosworth, s'empara du trône, et dans le but d'éteindre le différend qui séparait depuis si longtemps les deux familles rivales, il épousa la princesse Élisabeth d'York. La réconciliation s'opéra, et les deux lignes ainsi fusionnées inaugurèrent, en 1485, la dynastie de la Maison royale de Tudor.

Henri VII eut quatre enfants : Arthur, prince de Galles, qui mourut avant lui, Henri VIII, qui fut son successeur, Marguerite qui devint la femme de Jacques IV, roi d'Écosse, et Marie, qui contracta un second mariage avec le duc de Suffolk. Celle-ci était la grand-mère de Jeanne Gray, qui perdit la vie sur l'échafaud, en 1554, pour avoir voulu succéder à son oncle Édouard VI.

Marie Tudor, la princesse Élisabeth et Édouard VI furent les descendants de Henri VIII. Marie monta sur le trône en 1553, et mourut en 1558, laissant la couronne à Élisabeth qui devint ainsi reine d'Angleterre.

Jacques IV, roi d'Écosse, ayant épousé Marguerite, fille de Henri VII, l'Écosse fut réunie à l'Angleterre. En 1542 il eut pour successeur Jacques V, dont la sœur se maria avec Mathias Stuart, comte de Lennox, et dont la fille aînée, Marie, épousa en secondes noces Henri Stuart. De ce mariage est issu Jacques, le sixième de ce nom, comme roi d'Écosse, et le premier comme roi de la Grande-Bretagne et d'Écosse. En 1567, Marie Stuart, sa mère, perdit sa couronne, et en 1587 la reine Élisabeth la fit décapiter. Élisabeth régna jusqu'en 1603, époque de l'avénement de Jacques Ier.

Charles Ier, fils de Jacques Ier, de la Maison des Stuarts, succéda à son père en 1626, et fut mis à mort le 30 janvier 1649. Les rênes du pouvoir républicain avaient été successivement confiées aux mains d'Olivier et de Richard Cromwell, avec le titre de protecteur. A la mort de celui-ci, le trône fut offert à Charles II, et en 1685, Jacques II, son frère, fut son héritier; mais on lui enleva la couronne en 1689, pour la donner à Guillaume III, fils de Guillaume, prince d'Orange, qui avait épousé la princesse Marie. Les descendants mâles de Jacques II décédèrent à l'étranger : son fils Jacques-Édouard en 1766, et les fils du dernier Charles Stuart et de Henri Benoît en 1788.

Guillaume III mourut sans laisser d'héritier, de sorte que la succession au trône revint de droit à la sœur de son épouse, la reine Anne; ce fut ainsi que la couronne d'Angleterre passa à la Maison de Brunswick.

La reine Anne épousa le prince Georges de Danemark; son fils Guillaume étant mort, le Parlement fut appelé à prononcer, et désigna comme héritière, Sophie, princesse palatine, électrice de Hanovre, fille aînée de Charles Ier; celle-ci décéda en 1714, deux mois avant la reine Anne, de sorte que son fils Georges Ier, électeur de Hanovre, monta sur le trône. Il eut pour successeurs Georges II en 1727, puis tour à tour le petit-fils de ce dernier, Georges III en 1761, Georges IV en 1821, Guillaume IV en 1830, et la reine Victoire en 1837.

D'après ce résumé historique et généalogique l'avénement des souverains d'Angleterre eut lieu dans l'ordre chronologique suivant :

Guillaume Ier, monta sur le trône en 1066; Guillaume II, dit le Roux, fut couronné à Westminster, le 27 septembre 1087; Henri Ier, quatre jours après la mort de Guillaume-le-Roux, en 1101; Henri II fut couronné deux fois, en 1154 et 1159; Richard-Cœur-de-Lion en 1189; Jean-Sans-Terre, le 27 mai 1199; Henri III, le 28 octobre 1216; Édouard I^er, le 15 août 1274; Édouard II en 1307; Édouard III, le 20 janvier 1327; Richard II en 1377; Henri IV, le 13 octobre 1399; Henri V, le 9 avril 1413; Henri VI, le 6 novembre 1429; Édouard IV, le 29 juin 1461; Édouard V en 1483; Richard III, le 5 juillet 1483; Henri VII, le 30 octobre 1485; Henri VIII, le 22 juin 1509; Édouard VI, le 20 février 1546; la reine Marie, le 1^er octobre 1553; la reine Élisabeth, le 25 janvier 1558; Charles I^er, le 5 février 1626 à Londres, et en 1633 à Édimbourg; Charles II, le 1^er janvier 1651; Jacques II, le 25 avril 1685; Guillaume d'Orange et Marie, le 11 avril 1689; la reine Anne, le 23 avril 1702; Georges I^er, le 28 octobre 1714; Georges II et Caroline, le 11 octobre 1727; Georges III et Charlotte, le 22 septembre 1761; Georges IV, le 19 juillet 1821; Guillaume IV, le 26 juin 1830, et enfin Victoria I^re, fille du duc de Kent, nièce de ces deux derniers monarques, et nièce aussi du roi des Belges, couronnée à Londres le 28 juin 1838.

Le roi Guillaume IV est mort le 20 juin 1837 au château de Windsor. Il a succombé à une hydropisie de poitrine; les vaisseaux voisins du siége du mal avaient pris, dans les derniers temps, une grande extension, et l'ossification du cœur avait rendu cette fatale issue inévitable.

La veille, il avait dit adieu à ses plus proches parents, en exprimant qu'il sentait approcher le moment suprême. Il conserva sa lucidité d'esprit jusqu'à la fin, malgré la grande faiblesse de son corps. Il ne cessa d'exprimer des vœux pour le bonheur de sa famille. Il avait continué à signer tous les documents publics. Peu de jours auparavant il avait appelé sir Herbert Taylor, pour lui demander s'il n'y avait pas de correspondance pour lui; Herbert répondit que non. « Ah! repartit le roi, j'oubliais que c'est lundi aujourd'hui. » Quelques instants après, il dit à un de ses médecins : « Docteur, je sais que je m'en vais, mais je voudrais voir encore un anniversaire de la bataille de Waterloo; jugez si vous pouvez me tenir vivant jusque-là. »

Effectivement le roi ne mourut que le surlendemain des cérémonies commémoratives de cette sanglante épopée, où viennent se résumer tant de grands faits de l'histoire moderne, et dont le souvenir éveille encore, chez les contemporains, suivant leur nationalité, ici l'expression d'éternels regrets, là le sentiment d'un triomphe acheté au prix de bien des larmes, mais devant lequel tous les fronts se découvrent pieusement comme ils s'inclinent devant le perpétuel sarcophage du néant des grandeurs humaines.

# II

Le roi défunt d'Angleterre, né le 21 août 1765, se nommait Guillaume-Henri; il était le troisième fils de Georges III. Bien jeune encore, ce prince fut destiné, par son père, au service de la marine. Il fut présent à la prise de la flotte de Carracas par l'amiral Rodney. Il servit ensuite longtemps comme midshipman aux Indes occidentales et sur les côtes de la Nouvelle-Écosse; en 1787 il revint en Angleterre pour repartir de nouveau pour les Indes. En 1814, quand il avait reçu déjà le titre de duc de Clarence, il accompagna Louis XVIII en France, où il séjourna pendant quelque temps. Le 11 juillet 1818 le duc de Clarence épousa la fille du duc de Saxe-Meiningen, la princesse Adélaïde-Louise-Thérèse-Caroline-Amélie. Le 28 juin 1830, après la mort de Georges IV, le duc de Clarence fut proclamé roi sous le titre de Guillaume IV, et fut couronné le 8 septembre 1831. Il était alors dans la 72e année de son âge, et il vécut jusqu'en 1837, qui était la 7e année de son règne.

Aussitôt après la mort du roi Guillaume IV, on en informa les ministres et les principaux officiers de l'État. L'archevêque de Cantorbéry et le marquis de Coningham, lord-chambellan, se rendirent au palais de Kensington et communiquèrent cette triste nouvelle à LL. AA. RR. la duchesse de Kent et à la princesse Victoire, sa fille.

L'annonce de cet événement fut également transmise à Londres, et les lords du Conseil privé s'assemblèrent d'urgence au palais de Kensington.

Le trône de la Grande-Bretagne est héréditaire, par ordre de primogéniture, et à défaut d'héritiers mâles, les femmes sont admises à succéder.

Jusque-là les descendants de la Maison royale de Hanovre avaient eu tous des héritiers mâles. Georges IV eut seulement une fille, la princesse Charlotte, à laquelle la couronne d'Angleterre devait être dévolue en partage. Cette noble princesse avait accordé sa main au prince Léopold de Saxe-Cobourg, mais elle mourut après quelques mois de mariage, en donnant le jour à un fils, qui suivit son auguste mère dans les sphères célestes sans avoir appartenu à ce monde.

Les lords du Conseil privé, admis en audience solennelle par la princesse Victoire, nièce du feu roi, remirent par conséquent à l'unique héritière de la couronne le sceau de leurs fonctions, que S. A. R. leur confia de nouveau.

# III

La princesse Alexandrine-Victoire monta donc sur le trône de la Grande-Bretagne et d'Irlande. Elle venait d'accomplir sa dix-huitième année, âge de majorité exigé par la Constitution anglaise pour pouvoir régner, et cette circonstance évita à l'Angleterre les inconvénients d'une régence.

Selon l'usage, dans la journée même du décès de Guillaume IV, le 20 juin 1837, la jeune souveraine prêta le serment d'usage, et les membres des deux Chambres lui prêtèrent à leur tour le serment de fidélité (1).

A cette occasion les lords du Conseil privé firent à la Reine la déclaration suivante :

« LE CONSEIL PRIVÉ A S. M. LA REINE :

« Comme il a plu au Dieu tout-puissant d'appeler à lui notre souverain Guillaume IV de glorieuse « mémoire, et par le décès duquel la couronne impériale du royaume-uni de la Grande-Bretagne et de « l'Irlande est légitimement dévolue à la haute et puissante princesse Alexandrina-Victoria, succédant « aux droits de la postérité qui serait issue de feu S. M. Guillaume IV ; nous, les lords spirituels et « temporels du royaume, assistés de ceux qui faisaient partie du Conseil Privé de S. M., du lord-maire, « aldermen et citoyens de Londres, faisons, d'une voix et d'un consentement unanimes, publier et « proclamer que la haute et puissante princesse Alexandrina-Victoria est, par la mort de notre défunt « souverain d'heureuse mémoire, notre légale et légitime souveraine : *lady Victoria, par la grâce de « Dieu, reine du royaume-uni de la Grande-Bretagne et d'Irlande, Défenseur de la Foi,* à laquelle nous « promettons foi et obéissance de cœur et d'affection, priant Dieu, par qui règnent les rois, de bénir « la reine, princesse Victoria, et de lui accorder de régner sur nous pendant de longues années.

« Donné à la cour de Kensington, le 20^e jour de juin 1800 trente-sept. *Vive la Reine!*

« ERNEST AUGUSTE FRÉDÉRIC, P. LANSDOWNE, DUNCANNON,
« NORFOLK, RICHMOND, LEEDS, WELLINGTON, WESTMINSTER,
« VANE, LONDONDERRY, STUART DE ROTHSAY, JAMES
« ABERCROMBIE, ROBERT PEEL, etc., etc., etc. »

La Reine répondit par cette autre déclaration :

« Cour de Kensington, le 20 juin 1837.

« S. M. LA REINE EN CONSEIL.

« La perte douloureuse que la nation vient d'éprouver par la mort de S. M. mon oncle bien-aimé, « m'a dévolu le droit et le devoir d'administrer le gouvernement de cet empire. Cette grande respon-

(1) CHAMBRE DES LORDS. — *Séance du 20 juin* 1837. — Le lord chancelier est arrivé ce matin dans la salle des séances vers dix heures et demie ; il a prêté immédiatement serment de fidélité à S. M. Alexandrina-Victoria ; ensuite le chancelier a reçu le serment des pairs présents à la séance, qui a été remise alors jusqu'à trois heures de l'après-midi pour la prestation de serment des autres pairs.

CHAMBRE DES COMMUNES. — *Séance du 20 juin* 1837. — Le président sort de la salle vers onze

« sabilité m'est imposée si subitement, dans une période si peu avancée de ma vie, que je craindrais de « succomber sous ce fardeau, si je n'étais soutenue par l'espoir que la Providence, qui m'a appelée à cette « œuvre, me donnera la force de l'accomplir, et que je trouverai, dans la pureté de mes intentions et « dans mon zèle pour le bien public, les ressources qu'offriraient un âge plus mûr et une plus longue « expérience.

« Je me confie entièrement dans la sagesse du Parlement et dans la loyauté et l'affection de mon « peuple; je m'estime particulièrement heureuse de succéder à un souverain dont tous les efforts ont « tendu à assurer les droits et les libertés de ses sujets, et à qui le désir d'améliorer les lois et les « institutions a assuré un attachement et une vénération générale.

« Élevée en Angleterre par les soins éclairés d'une tendre mère, j'ai appris, dès mon enfance, à « respecter et à aimer la Constitution de mon pays natal.

« Le maintien de la religion établie par la loi et le soutien des libertés religieuses feront l'objet de « mes constantes méditations; je protégerai les droits de toutes les classes de mes sujets, faisant usage « de tout le pouvoir dont je suis revêtue pour assurer leur bonheur. »

Les lords du Conseil prièrent Sa Majesté de leur permettre de rendre publique la déclaration qui précède, ce que Sa Majesté leur accorda volontiers.

Sa Majesté fut alors proclamée reine sous le nom d'ALEXANDRINA-VICTORIA I^re, et l'acte signé par S. A. R. le duc de CUMBERLAND, S. A. R. le duc de SUSSEX, l'archevêque de CANTORBERY, le lord chancelier, etc., etc., etc.

Une députation de la Chambre des lords fut alors chargée de présenter une adresse à la Reine, et la réponse de Sa Majesté fut communiquée à cette Chambre par le duc d'Argyll. Cette réponse était conçue en ces termes :

« VICTORIA, REGINA,

« J'ai reçu avec une vive satisfaction votre gracieuse et affectionnée adresse. Le regret que vous « exprimez sur la mort du Roi et le témoignage que vous rendez à ses vertus s'accordent entièrement « avec mes propres sentiments. Je vous remercie de l'attachement à ma personne que vous exprimez « dans l'adresse, et je joins mes prières ardentes aux vôtres pour que le Tout-Puissant veuille inspirer « et diriger mes conseils. »

Le 22 juin, date fixée pour la proclamation de l'avénement au trône de S. M. la reine Victoria, une foule considérable se rassembla aux alentours du palais de Saint-James, où la cérémonie devait avoir lieu; dès l'aube du jour toutes les avenues du palais et le parc étaient encombrés; le palais présentait l'aspect le plus brillant et le plus animé, surtout du côté où la Reine devait se présenter au peuple. A dix heures, des salves d'artillerie annoncèrent l'arrivée de S. M. au-devant de laquelle s'étaient rendus la plupart des membres de la famille royale, les fonctionnaires et officiers de la Maison du feu roi, les ministres du cabinet et une foule de personnes de distinction. Aussitôt après, la princesse, ayant paru à la fenêtre de la

heures, annonçant qu'il doit être présent au palais, mais qu'il sera de retour à midi, pour recevoir le serment des membres de la Chambre. Des formules imprimées du serment sont déposées sur le bureau; 150 membres étaient présents à midi. Sir Robert Peel et sir J. Graham (tous deux plongés dans le deuil le plus profond) entrent quelques minutes après une heure et prêtent serment. La séance a été levée quand tous les membres ont eu prêté serment.

pièce qui précède la chambre des audiences, fut accueillie par les applaudissements prolongés de la foule. M. O'Connell, vêtu de deuil, était à une fenêtre faisant face à la chambre royale; la musique exécuta l'air national *God save the Queen.*

La Reine était placée entre lord Melbourne, lord Lansdowne et la duchesse de Kent, sa mère. Le duc de Cumberland (roi de Hanovre), le duc de Sussex, lord Wellington, et beaucoup de pairs du royaume entouraient Sa Majesté, qui répondit aux acclamations du peuple avec une aisance et une dignité remarquables; elle était habillée en grand deuil: écharpe blanche, manchettes blanches, et une bordure de dentelle blanche à un petit bonnet qui, placé en arrière, laissait voir ses beaux cheveux blonds simplement divisés sur son front; la duchesse de Kent portait une mise tout à fait analogue. Immédiatement après l'apparition de Sa Majesté à la fenêtre du palais, le principal héraut d'armes s'avança et lut à haute et intelligible voix la proclamation de la Reine; cette lecture fut interrompue maintes fois par de nouvelles acclamations, et se termina par les mots : « *God save the Queen.* » (Dieu sauve la Reine!) Des applaudissements unanimes, enthousiastes et prolongés éclatèrent de nouveau, puis Sa Majesté salua plusieurs fois le peuple, et se retira.

Le cortége se mit alors en marche; il s'avança vers Charing-Cross, où la cérémonie se répéta, et il se dirigea ensuite vers Temple-Bar. L'officier d'armes ayant frappé trois coups pendant qu'on sonnait des fanfares, le plus ancien des maréchaux de la Cité se présenta sous la voûte, et demanda : « Qui est là? » Le héraut répondit: « C'est l'officier d'armes qui demande à entrer dans la Cité pour proclamer « Sa Royale Majesté Victoria, reine du Royaume-Uni. » Aussitôt le maréchal fit ouvrir les portes et conduisit le héraut au lord-maire; celui-ci ayant donné la permission demandée, les bannières furent déployées, et le cortége entra dans la Cité, où la proclamation fut lue pour la troisième fois; on traversa la Cité, et l'acte fut lu une quatrième fois à l'extrémité de Wood end Street, puis une cinquième et dernière lecture en fut faite à la Bourse.

Un an après, le 28 juin 1838, eut lieu à Londres le couronnement de S. M. la reine Victoria I<sup>re</sup>.

Cette fois encore, une foule immense encombrait les environs de Hyde-Park-Corner, de Saint-James-Park et de Grosvenor-Square. A dix heures huit minutes à l'horloge de Sainte-Marguerite, une salve de vingt et un coups de canon marqua le moment où S. M. la reine Victoria partait du palais de Buckingham. Aussitôt les cloches de l'abbaye de Westminster se mirent à sonner, et continuèrent ainsi en alternant avec celles de Sainte-Marguerite. Dès qu'on aperçut la voiture royale, l'enthousiasme public éclata par des cris de : *Vive la reine!*

Le cortége s'avança lentement, dans l'ordre du programme arrêté par le comte-maréchal duc de Norfolk, jusqu'à l'abbaye de Westminster, où Sa Majesté fut reçue par les grands-officiers de l'État et les gentilshommes portant les insignes de la royauté; c'est-à-dire : le duc de Roxburgh, le bâton de saint Édouard; — lord Byron, au lieu et place de la baronne Grey de Ruthyn, les éperons;— le duc de

2

Cleveland, le sceptre avec la croix ; — le marquis de Westminster, l'épée à pointe, de la justice temporelle ; — le duc de Sutherland, l'épée de la justice spirituelle ; — le duc de Devonshire, l'épée de merci ou la *curtana,* épée émoussée ; — le vicomte Melbourne, l'épée d'État ; — le duc de Richmond, l'épée avec la colombe ; — le duc de Somerset, le globe ; — le duc d'Hamilton, la couronne de saint Édouard ; — l'évêque de Bangor, la patène ; — l'évêque de Lincoln, le calice ; — l'évêque de Winchester, la Bible.

La reine, arrivée à la porte de l'abbaye, descendit de voiture, se retira dans l'appartement où elle devait s'habiller pour le couronnement, et dès qu'elle fut habillée, elle s'avança jusqu'au milieu du chœur. Sa robe était de velours cramoisi doublé d'hermine, garnie de dentelle d'or ; elle portait les colliers de ses Ordres, et sur sa tête un cercle d'or. La queue de sa robe était portée par lady Adélaïde Paget, lady Anne Fitz-William, lady Frances Cowper, lady Mary Grimpton, lady Caroline Lennox, lady Mary Talbot, lady Catherine Stanhope, et lady Louisa Jenkinson. Dans le cortége on remarquait le duc de Wellington, comme lord grand-connétable d'Angleterre, avec son bâton de feld-maréchal.

Quand tout le monde eut pris place, et que la reine eut fait ses dévotions, la cérémonie commença par la Reconnaissance, qui se fit de la manière suivante : L'archevêque de Cantorbéry et plusieurs autres grands dignitaires s'avancèrent à la partie orientale de ce qu'on appelle *le théâtre,* où se tenait la Reine, et l'archevêque dit : « Messieurs, je vous présente ici la reine Victoria, reine incontestée de ce royaume ; en conséquence, vous tous qui êtes venus aujourd'hui pour offrir votre hommage, voulez-vous le faire ? » Cette cérémonie se répéta aux quatre faces du théâtre, et chaque fois la Reine se retourna vers le peuple du côté où elle se faisait ; sur quoi le peuple cria : *Dieu sauve la reine Victoria!*

Les cérémonies suivantes furent : la Première Offrande, consistant en une nappe d'autel, en étoffe d'or ; la Litanie ; le Sermon prêché par l'évêque de Londres ; le Serment. Voici les formules de ce serment :

L'archevêque de Cantorbéry demanda à la Reine : Madame, voulez-vous prêter le serment prêté ordinairement par vos prédécesseurs ?

La Reine répondit : Je le veux.

*L'archevêque* : Voulez-vous solennellement promettre et jurer de gouverner le peuple de ce royaume de la Grande-Bretagne et des territoires qui en dépendent, conformément aux statuts convenus en parlement, aux lois et aux coutumes ?

*La Reine :* Je promets solennellement de le faire.

*L'archevêque :* Ferez-vous, dans toute l'étendue de votre puissance, rendre la justice en merci, et exécuter la loi dans tous vos jugements ?

*La Reine :* Je le ferai.

*L'archevêque :* Ferez-vous, selon votre pouvoir, respecter les lois de Dieu, la vraie profession de l'Évangile et la religion protestante réformée, établie par la loi ? Maintiendrez-vous et garderez-vous inviolable l'établissement de l'église d'Angleterre, la doctrine, le culte, la discipline et le gouvernement d'icelle, comme ils sont établis par la loi dans le royaume d'Angleterre et d'Irlande, la principauté de Galles, la ville de Berwick-upon-Tweed et les territoires en dépendant avant l'union des deux royaumes, et conserverez-vous aux évêques, au clergé de l'Angleterre et aux églises ici confiées à leurs soins, tous droits et priviléges qui, par la loi, leur appartiennent ou leur appartiendraient?

*La Reine :* Je promets de faire tout cela.

Sur ce, la Reine se leva, se rendit à l'autel, s'y agenouilla, et, la main sur l'Évangile, dit : « Je ferai et garderai les choses que je viens ici de promettre, et ainsi Dieu me soit en aide! »

Les autres cérémonies furent : l'Onction, la Remise des éperons, celle de l'épée, l'Offrande de l'épée, l'Investiture avec le manteau, et enfin la Remise du globe, de l'anneau et des sceptres.

Avant de commencer la cérémonie de l'Onction, voici la prière que dit l'archevêque : « O Seigneur, ô saint Père, qui, en oignant d'huile, fis jadis et consacras des rois, des prêtres et des prophètes pour enseigner et gouverner ton peuple d'Israël, bénis et sanctifie ta servante choisie, Victoria, qui, par notre office et notre ministère, va être ointe de cette huile et consacrée reine de ce royaume! Donne-lui, ô Seigneur! l'esprit libre et royal, l'esprit de sagesse et de gouvernement, l'esprit de conseil et de force spirituelle, l'esprit de connaissance et de véritable sainteté, et remplis-la, ô Seigneur! de l'esprit de ta sainte crainte, aujourd'hui et à jamais! *Amen.* »

Le lord chambellan et la grande-maîtresse de la garde-robe ôtèrent le manteau cramoisi à la Reine, qui s'assit dans la chaise de saint Édouard; quatre chevaliers de la Jarretière, le duc de Rutland, le marquis d'Anglesey, le marquis d'Exeter et le duc de Buccleugh étendirent au-dessus de sa tête un riche poêle d'or; l'archevêque prit sur l'autel l'ampoule, versa l'huile dans une cuiller, et oignit Sa Majesté sur la tête et sur les mains en forme de croix, disant : « Soyez ointe ! »

Pour la Remise de l'épée, le vicomte Melbourne, porteur de l'épée d'État, la donna au lord chambellan; celui-ci la passa à l'archevêque, qui la déposa sur l'autel en disant ces paroles : « Écoute nos prières, ô Seigneur! nous te supplions de diriger et de soutenir ta servante, la reine Victoria, et te demandons, par ta main droite de majesté, de bénir et de sanctifier cette épée, dont ta servante Victoria désire être ceinte, afin qu'elle lui soit la défense et la protection des églises, des veuves, des orphelins et de tous tes serviteurs, et la terreur de tous ceux qui veulent le mal. *Amen.* »

L'archevêque prit l'épée de dessus l'autel et la remit dans la main droite de la Reine, en disant :

« Reçois cette épée royale, qui est consacrée pour la défense de la Sainte Église, et à toi remise par les mains des évêques, quoique indignes, toutefois sacrés par l'autorité des saints Apôtres. Rappelle-toi de qui le psalmiste a prophétisé, en disant : « Ceins-toi de l'épée sur ta cuisse, ô toi le plus puissant; avec ton épée exerce la force d'équité, et détruis la semence d'iniquité; protége la Sainte Église de Dieu et son fidèle peuple, défends et secoures les veuves et les orphelins, restaure les choses tombées en ruine, et maintiens celles qui sont restaurées, afin qu'en ce faisant, tu puisses être glorieuse dans les triomphes de la vertu, excellente dans l'ornement de la justice, et régner toujours avec le Sauveur du monde dont tu portes l'image. *Amen.* »

Le duc de Norfolk, comme seigneur du manoir de Worksop, présenta ensuite, à genoux, à la reine, pour sa main droite, un gant brodé aux armes de Howard.

Alors eut lieu le Couronnement, qui fut la plus imposante cérémonie de cette solennité. L'archevêque de Cantorbéry, debout devant l'autel, et tenant de ses mains la couronne de saint Édouard, la consacra et la bénit; puis il descendit de l'autel, accompagné de ses assistants et du doyen de Westminster portant la couronne, et, la prenant des mains de celui-ci, il la posa sur la tête de Sa Majesté. Sur quoi tout le peuple cria : *Dieu sauve la Reine!* Et aussitôt les pairs et les pairesses mirent leurs couronnes (*coronets*), les évêques leurs bonnets, et les rois d'armes leurs couronnes; les trompettes sonnèrent, les tambours battirent aux champs, et les canons de la Tour et du Parc tirèrent leurs salves pour annoncer au peuple que la Reine venait d'être couronnée.

L'archevêque prononça ensuite l'exhortation : « Sois forte et de bon courage! »

La reine se mit à genoux, tenant à la main les deux sceptres, et l'archevêque la bénit en ces termes « Que le Seigneur te bénisse et te garde! Et de même qu'il t'a faite Reine de ce peuple, puisse-t-il te donner le bonheur en ce monde, et t'appeler à partager la félicité éternelle dans l'autre! » Les évêques répondirent tous à haute voix : *Amen!* L'archevêque se tourna alors vers le peuple, et dit : « Et veuille le même Seigneur faire en sorte que le clergé et le peuple ici rassemblés pour cette cérémonie, puissent, par sa précieuse assistance, être continuellement gouvernés par toi en toute félicité, et qu'humblement soumis à sa volonté, et te servant avec fidélité, ils puissent jouir de la paix dans cette vie et partager avec toi le royaume éternel! »

La Présentation de la Bible et l'Intronisation précédèrent la dernière cérémonie, qui est l'Hommage.

L'archevêque de Cantorbéry s'étant mis à genoux en même temps que les autres évêques, prononça l'hommage suivant :

« Moi, Guillaume, archevêque de Cantorbéry, je jure d'être fidèle et dévoué à notre dame souveraine ainsi qu'à ses héritiers rois de la Grande-Bretagne, et je m'engage à faire loyalement le service des terres que je reconnais tenir de Sa Majesté, comme étant aux droits de l'Église. Ainsi Dieu me soit en aide. »

Les autres évêques répétèrent ces paroles, et rendirent hommage à Sa Majesté la Reine. Les ducs de Sussex et de Cambridge franchirent les degrés du trône, et ayant ôté leurs couronnes, se mirent à genoux devant Sa Majesté; le duc de Sussex prononça la formule de l'Hommage dans les termes suivants :

« Moi, Auguste-Frédéric, duc de Sussex, deviens votre homme-lige de vie et de membre et de culte terrestre ; je vous jure dévouement et fidélité, et je promets de vivre et de mourir pour vous contre toute espèce de gens ; et ainsi Dieu me soit en aide ! »

Le duc de Cambridge répéta la formule. Les deux princes touchèrent ensuite la couronne de Sa Majesté, lui donnèrent un baiser sur la joue gauche, et se retirèrent. Les ducs et autres pairs suivirent, en se bornant toutefois à baiser la main de Sa Majesté.

Pendant l'Hommage, le trésorier de la Maison de la Reine jetait à l'assemblée des médailles du couronnement.

L'Hommage fut suivi de la Communion et de la Seconde Offrande (celle de la bourse d'or). Après quoi la Reine se retira de l'abbaye de Westminster avec le même cérémonial et dans le même ordre qu'à son arrivée.

## IV

En vue des hautes destinées auxquelles la nouvelle souveraine était appelée dès l'âge le plus tendre, elle avait reçu l'éducation d'une reine. Son illustre mère, madame la duchesse de Kent, en fit elle-même l'exposé dans sa réponse aux félicitations de la municipalité de Londres, le 1er juin 1837, à l'occasion de la majorité de son auguste fille. Après avoir exprimé ses remercîments au lord-maire, S. A. R. rappela que, dans la pensée que la princesse Victoire fût véritablement Anglaise, quoique le duc son mari fût obligé à demeurer en Allemagne, elle n'hésita pas à venir résider en Angleterre avec sa fille. Elle apprit la langue du pays dont elle ne connaissait pas un mot, et ne cessa jamais de lui représenter que son devoir était de gagner, par sa conduite, l'affection et le respect du peuple anglais : c'était, lui disait-elle, son premier devoir comme future reine constitutionnelle.

S. A. R. ajouta qu'en communiquant avec toutes les classes de la nation, la princesse pourrait aisément se convaincre par elle-même que plus les doctrines religieuses se répandent en même temps que l'amour de la liberté, plus le bien-être s'accroît parmi les populations, et qu'avec le désir de préserver les prérogatives constitutionnelles de la couronne, il faut savoir concilier la protection des libertés du peuple.

Élevée dans de telles idées, la reine Victoria pouvait sans crainte gravir les degrés du trône, et accepter les titres et priviléges attachés à la royauté,

En Angleterre le souverain est irresponsable, ou plutôt il est censé ne pouvoir faire mal, ni se tromper, ce qui équivaut à l'infaillibilité.

Ses titres sont ceux de *Roi du Royaume-Uni de la Grande-Bretagne et d'Irlande, Défenseur de la Foi*. Ce dernier titre fut conféré aux rois d'Angleterre par le pape Léon X, le 5 mai 1521.

Ses priviléges sont de commander les armées; de nommer à tous les emplois et offices; de convoquer, d'ajourner, de proroger et de dissoudre le Parlement; de créer des pairs à volonté, et enfin d'approuver ou de rejeter les bills adoptés par les deux Chambres législatives.

Si quelques-uns de ces priviléges ne semblent pas toujours en parfaite harmonie avec la nature et le caractère de la femme, il n'en est pas de même pour les obligations contractées par la souveraine relativement à la religion. En acceptant la couronne, la reine promet de maintenir de tout son pouvoir les lois de Dieu, la véritable profession de l'Évangile, et la religion chrétienne protestante, que la Constitution impose à la dynastie régnante.

Or, ces devoirs religieux, une femme est plus particulièrement entraînée à les observer et à les remplir. Il y a de ce fait des causes éloignées et profondes et une cause prochaine, écrivait un jour Ernest Bersot, car le calme de la vie intérieure lui a rendu l'attention exclusive que l'agitation de la vie politique lui avait disputée. Renfermée dans la famille, on a retrouvé partout avec elle le génie du lieu, la divinité présente de ce petit monde, celle qui y répand à son gré le bien et le mal, et cela parce que la femme a naturellement le cœur et l'esprit chrétiens; le cœur d'abord.

Le grand principe du christianisme est le détachement de soi-même : ce détachement s'opère chez l'homme par la réflexion, chez la femme par l'amour. Il y a une grande différence entre une réflexion tout accidentelle et l'amour, qui est ici le mouvement instinctif et la vie ; puis, le mouvement des affaires pour les hommes est un perpétuel combat : chacun cherche à se faire une place et à la faire aussi grande que possible, tandis que la fonction de la femme est de s'oublier. La femme, parce qu'elle aime, est donc naturellement chrétienne. Le germe chrétien du détachement, c'est le besoin d'aimer et de souffrir pour ce qu'on aime. Le christianisme n'a plus qu'à tourner cet amour vers Dieu, et il en fait la vie intérieure, où la femme excelle. Tandis que l'homme poursuit un idéal politique, la femme poursuit un idéal personnel, qui n'est que le travail d'une âme sous l'œil de Dieu ; éprise d'une perfection invisible, que son sentiment et son imagination embrassent, artiste solitaire, elle se tourmente et s'épuise dans ce travail caché. Laissons à la vie politique tout son prix ; mais la vie intérieure a le sien, et ce sont surtout les femmes qui la maintiennent ; dans ce désert croissent librement les fleurs les plus délicates, ailleurs foulées aux pieds ; il s'en échappe un parfum vivifiant, qui ranime l'âme, comme, au sortir des travaux énervants de la ville, l'odeur des champs. A la rigueur, le monde vivrait sans ces délicatesses ; beaucoup d'hommes même s'en passent et les méprisent ; il est certain qu'on peut vivre de beaucoup moins qu'on ne croit : on se passe de vie intérieure, on se passe de poésie, on se passe de justice, on se passe de liberté ! Ceux qui ont inventé ces choses ont singulièrement compliqué la difficulté de vivre, en voulant que les hommes s'estiment eux-mêmes ; heureusement ils n'imposent cette gêne qu'à eux seuls ; ils seraient impardonnables s'ils prétendaient y obliger quelqu'un.

Le cœur des femmes est donc naturellement chrétien ; leur esprit l'est aussi ; elles reçoivent volontiers les croyances spiritualistes, et elles les donneraient, si elles ne les recevaient pas. Elles aiment ; or, on n'aime pas sans rêver que cet amour sera éternel ; on n'aime pas, on ne met pas son bonheur quelque part sans savoir qu'on ne peut rien pour le garder, sans se sentir sous le coup d'une volonté supérieure qu'on voudrait fléchir ; on n'aime pas sans espérer que ceux qu'on aime ménageront davantage votre amour, s'ils ont de nobles croyances et les sentiments délicats que votre foi vous donne ; enfin on n'aime pas et on ne se dévoue pas sans invoquer dans son âme quelque témoin d'un sacrifice ignoré ou méconnu.

Les hommes, absorbés par les affaires, n'ont pas le loisir de se connaître ; un intérêt les occupe, un autre après, et leur vie se passe ainsi. Ils font leur fortune, sont ruinés, la refont, et souvent ils sont ruinés encore. Si de violentes afflictions les abattent, ils sont forcés de se redresser pour travailler, et échappent quelques instants à eux-mêmes. Les femmes, au contraire, comme le disait déjà il y a plus de deux mille ans le poëte Euripide, les femmes lisent sans cesse dans leur cœur; c'est là, c'est dans ce monde si souvent agité, toujours inquiet, c'est dans ce monde si vivant d'affections et de haines, de plaisirs et de douleurs, d'espérances et de craintes, qu'elles apprennent la vie, les vents qui soulèvent et ceux qui apaisent; et enfin, lorsque la terre leur manque, lorsqu'elles ont perdu ceux qu'elles aiment, veillant au fond de leur cœur auprès de leurs morts chéris, leur attente opiniâtre est un témoignage visible de l'immortalité.

Par suite d'une application rationnelle et persévérante de ces principes à tous les actes de sa vie, et guidée par les sages conseils de sa mère, la jeune reine apaisa plus d'un orage; elle rendit son règne aimé, florissant et juste, et, loyale enfant de la lumière, elle devint un témoin de la grâce et de la vérité chrétienne devant le monde, en même temps qu'une âme fervente, digne, devant Dieu, du titre de *Défenseur de la Foi.*

# V

Lorsqu'en Angleterre une femme arrive au trône, elle peut, avec le consentement des Communes et des Lords, faire partager à son mari les honneurs de la royauté.

Rien ne pouvait donc mettre obstacle à la réalisation des vœux de la reine Victoria, lorsque son cœur aurait parlé et qu'elle aurait fait choix d'un époux.

En 1836, après avoir visité les cours de Vienne, de Berlin et de Dresde, à la suite d'un voyage en Hongrie, le prince Albert et son frère aîné, le duc Ernest, furent présentés à la cour d'Angleterre par leur auguste père Ernest Ier, duc régnant de Saxe-Cobourg-Gotha. Ils habitèrent au palais de Kensington, résidence habituelle de la duchesse de Kent. Ce fut sous les poétiques ombrages des jardins de cette royale demeure, que le prince Albert, qui avait alors seize ans, vit pour la première fois sa noble cousine, l'illustre princesse dont il devait, plus tard, devenir l'époux, et que l'un et l'autre sentirent naître leur mutuelle affection.

En quittant Londres, les princes de Cobourg vinrent en France, d'où ils se rendirent en Belgique, où ils firent un assez long séjour à la cour du roi Léopold.

Albert-François-Auguste-Charles-Emmanuel, prince de Saxe-Cobourg-Gotha, était né à Cobourg, le 26 août 1819 (1). Il comptait parmi ses ancêtres les Margraves de Meissen, et descendait en droite ligne du fameux Électeur qui signa le premier la protestation de Spire contre la décision de la Diète d'Augsbourg. Il fit les mêmes études que son frère Ernest; tous deux commencèrent leur éducation au château d'Ehrenberg, sous la surveillance paternelle; tous deux sortirent de l'université de Bonn, en 1838; tous deux furent confirmés à Cobourg selon les rites de l'Église luthérienne.

Au retour d'une excursion en Italie, vers la fin de 1839, le prince Albert revint en Angleterre. Il ne pouvait se méprendre sur l'heureuse impression qu'il avait produite; il avait parlé au cœur de sa royale parente, lors de sa première visite, et depuis cette époque, de part et d'autre, ce sentiment s'était développé de telle sorte, que l'heureuse destinée du prince Albert ne semblait plus un secret pour personne. Il plaisait dans le monde officiel; il plaisait dans les réunions intimes du château de Windsor; le doute à cet égard devenait donc impossible. Sa Majesté ayant résolu de prendre le prince Albert pour époux, voulut indiquer sa préférence. Un soir de bal gala, après un quadrille dans lequel ils figurèrent ensemble, la jeune reine, reconduite à son fauteuil par son danseur, lui offrit son bouquet. Les journaux de l'époque racontent que le prince, transporté de joie et de reconnaissance, ouvrit son uniforme avec un couteau de poche, à l'endroit du cœur, et y plaça le bouquet.

(1) Pour les détails généalogiques se rattachant à la famille de S. A. R. le prince Albert, voir dans *la Galerie des Souverains*, les notices sur S. M. Léopold Ier, roi des Belges, et sur S. A. R. Ernest II, duc régnant de Saxe-Cobourg-Gotha.

Le 23 décembre 1839, la Reine convoqua le Conseil privé; elle prit la parole et s'exprima en ces termes :

« Je vous ai fait rassembler, Messieurs, pour vous informer de ma résolution dans une affaire qui « intéresse profondément la prospérité de mon peuple et le bonheur de ma vie. C'est mon intention de « m'unir en mariage au prince Albert de Saxe-Cobourg-Gotha. Bien pénétrée de la solennité de « l'engagement que je suis au moment de contracter, je ne suis pas arrivée à une telle décision sans « une réflexion mûre, ni sans avoir la ferme conviction qu'avec la bénédiction du Dieu tout-puissant « elle doit à la fois assurer ma félicité domestique, et servir les intérêts de mon pays. »

Personne n'éleva la moindre objection, et le 16 janvier 1840, à l'ouverture du Parlement, la reine annonça son mariage dans le discours de la couronne. Cette communication fut accueillie avec le plus vif enthousiasme par les deux Chambres, qui votèrent pour le prince une dotation annuelle de 30,000 livres sterling (1).

Le prince Albert fut naturalisé dans la Grande-Bretagne par l'acte du 21 janvier 1840, et le 28 il quitta sa terre natale pour se fixer dans son pays d'adoption. Avant de partir, il avait reçu à Gotha, par l'intermédiaire de commissaires délégués par la Reine, l'investiture de l'Ordre de la Jarretière; le 8 février il fut nommé feld-maréchal d'Angleterre, et le 10 du même mois le mariage fut célébré à Londres dans la chapelle du palais de Saint-James, antique château exclusivement consacré aux solennités et fêtes officielles de la royauté.

Dès ce moment le prince Albert, cherchant à se renfermer dans son privilége de prince-époux, s'attacha particulièrement à donner à la Reine tout le bonheur qu'elle était en droit d'attendre de ce mariage d'affection ; aussi peut-on affirmer que, sous ce rapport, peu de femmes furent plus heureuses que Sa Majesté Victoria.

« Quatre mois après, rapporte Amédée Pichot dans une nécrologie du prince Albert, le prince eut une triste occasion de faire éclater son dévouement à sa royale moitié. Le 11 juin 1840, les deux époux étaient sortis pour faire une promenade en voiture : un de ces insensés, malade de la monomanie du régicide qui a été un moment endémique en France surtout, les épiait armé d'un pistolet. Il tira un premier coup sur la Reine, et, voyant qu'il l'avait manquée, il en tira un second qui eût frappé le prince s'il avait tiré plus juste, car le prince avait eu le temps de repousser la Reine au fond de la voiture et de se placer entre elle et l'assassin. La nouvelle d'un tel attentat indigna l'Angleterre, et de toutes parts fut exprimée au prince une reconnaissance qui ne le toucha guère moins que les larmes de tendresse que, après la première émotion, la Reine avait répandues en se jetant dans ses bras. »

Il serait impossible de trouver une définition plus exacte et plus vraie du noble caractère du prince Albert que dans cette citation de Bossuet : « Il était juste,

(1) Le prince Albert avait hérité du patrimoine de sa mère. Ce patrimoine représentait un revenu d'environ cinquante mille francs. Lorsque son mariage avec la Reine fut annoncé officiellement, il fit une cession de tous ses biens à son frère, en y attachant pour condition de servir deux ou trois pensions viagères à d'anciens serviteurs de sa famille.

modéré, très-instruit de ses affaires et des moyens de régner; jamais prince ne fut plus capable de rendre la royauté, non-seulement vénérable et sainte, mais encore aimable et chère au peuple ! »

S'agit-il de le juger comme homme d'État, comme homme politique, il suffit de laisser parler M. Guizot : « Guidé, soit par l'excellence de son propre jugement, dit cet ancien ministre du roi Louis-Philippe, soit par les conseils donnés à sa jeunesse, le prince Albert comprenait admirablement sa position, et y adapta sa conduite avec autant de dignité que de sagacité persévérante. Il a été pendant vingt et un ans le premier sujet et le premier conseiller de la reine Victoria, son intime et seul secrétaire, associé sans bruit à toutes ses délibérations, à toutes ses résolutions, habile à l'éclairer et à la seconder dans ses rapports avec son ministère sans gêner ni offusquer le ministère lui-même; exerçant à côté du trône une judicieuse et salutaire influence sans jamais dépasser son rôle ni porter atteinte au régime constitutionnel. Pendant vingt et un ans il a été dans sa vie domestique un aussi excellent mari qu'il était, dans sa vie politique, un sage et utile conseiller. Il a vécu avec la reine, sa femme, dans la plus tendre intimité, assidûment occupé, de concert avec elle, de l'éducation de ses enfants, unissant à la sérénité de caractère et au charme de l'affection, une juste mesure d'autorité conjugale et paternelle. »

La position exceptionnelle que le prince-consort s'était faite dans les conseils de la couronne était l'objet de ses constantes préoccupations. On en trouve la preuve irrécusable dans une lettre qu'il écrivait, le 8 avril 1850, au duc de Wellington. Le prince Albert s'exprimait ainsi : « Bien qu'une femme ait sur le trône de grands « désavantages en comparaison d'un roi, cependant si elle est mariée et que son « mari comprenne et accomplisse ses devoirs, cette position a, d'autre part, « beaucoup d'avantages, qui en compensent les inconvénients, et à la longue une « belle reine se trouvera peut-être plus forte qu'un souverain. »

Personne n'ignore ce que la bienfaisance, l'enseignement, l'industrie, l'agriculture, les sciences et les arts doivent au libéralisme intelligent de ce prince; aussi tenterait-on en vain de faire l'énumération de tous les actes de sa vie publique; mais on peut les résumer tous en déclarant hautement que l'Angleterre ne connaîtra peut-être jamais toute l'étendue des services politiques qu'il lui a rendus.

L'amélioration morale et matérielle des classes ouvrières et agricoles était l'une de ses plus constantes études : « Soyez sûrs, disait-il encore en 1861 dans un meeting « d'ouvriers, que les intérêts des classes, aujourd'hui séparées, sont identiques; c'est « l'ignorance seule qui empêche leur union, et cette union leur serait réciproquement avantageuse. C'est à chasser cette ignorance, à montrer comment un « homme doit en rencontrer un autre, malgré l'état compliqué de la société civilisée, « que doit tendre tout philanthrope; et ce devoir incombe plus particulièrement « à ceux qui possèdent richesse, rang et distinction. »

De même que son auguste frère, le duc Ernest, le prince-consort était littérateur, peintre et musicien; de même aussi, il aimait les arts et les artistes; il leur accordait son patronage éclairé, et siégeait avec bonheur au milieu de ces derniers, qu'il considérait comme les prêtres de l'intelligence.

Il était resté feld-maréchal, colonel en chef des carabiniers, colonel des grenadiers de la garde, capitaine général de l'artillerie, grand forestier et gouverneur de Windsor, et enfin grand sénéchal de Plymouth; il était chevalier des Ordres de la Jarretière, du Chardon, de Saint-Patrice et de la Toison d'Or; grand-maître de l'Ordre du Bain, grand'croix de Saint-Michel et de Saint-Georges (1). A ces grades il faut ajouter les dignités scientifiques et littéraires; il était en outre président de la Société zoologique et de la Société horticole, et chancelier de l'Université de Cambridge.

Si le prince Albert était pour la Reine le modèle des époux, de son côté la Reine ne laissait échapper aucune occasion pour consolider cette cordiale union et offrir à son mari les témoignages les plus touchants d'une inaltérable tendresse.

Au milieu de ce bonheur intime, au milieu de toutes les douceurs du foyer domestique, au milieu de tant d'amour, d'estime et de considération, une nouvelle et terrible manifestation de la puissance céleste vint soudainement à surgir et ajouter une triste et lamentable catastrophe aux calamités nombreuses qui avaient frappé la Maison royale d'Angleterre. Le 14 décembre 1861, les journaux du matin apprirent à la nation que le prince Albert était malade; personne ne soupçonnait la gravité du mal, l'intensité du péril; mais le soir, à minuit, la cloche de Saint-Paul sonna le glas funèbre, et annonça aux habitants de Londres que la Reine était veuve.

En effet, elle venait de perdre l'ami de sa jeunesse, l'ange de ses rêves, la providence de ses enfants, l'espoir de toute sa vie. « Hélas! la mort se hâte, et nous « délivre un à un! » Qu'ils sont incompréhensibles, qu'ils sont mystérieux, qu'ils sont sévères, ces décrets du Tout-Puissant qui semblent abandonner ainsi au hasard des destinées vulgaires, des jours si souvent et si merveilleusement préservés, le bonheur d'une famille et d'un pays!

(1) Ordres royaux et nationaux de la Grande-Bretagne : — *Ordre de la Jarretière*, créé par Édouard III le 19 janvier 1350. — Un savant chroniqueur rapporte que d'après une tradition, qui pourtant n'est fondée sur aucune autorité, au milieu d'un bal de cour, la comtesse de Salisbury avait laissé tomber sa jarretière; le roi l'ayant relevée, remarqua sur la bouche de quelques courtisans un sourire qui faisait soupçonner une maligne interprétation, et il s'écria : *Honni soit qui mal y pense!* paroles qui devinrent la devise de l'ordre.

*Ordre du Bain*, créé par Henri IV en 1399. — Henri IV était au bain quand on vint lui annoncer que deux veuves venaient implorer sa justice : « L'exercice de mes devoirs de Roi, dit-il, doit passer avant mes plaisirs! » Et il sortit du bain pour recevoir ses vassales. Telle est l'origine de cet Ordre.

*Ordre du Chardon ou de Saint-André*, créé par Henri IV en 1399. — Cet ancien ordre royal de l'Écosse fut oublié après la chute de Jacques II, puis ressuscité par la reine Anne. Les statuts furent promulgués le 31 décembre 1705.

*Ordre de Saint-Patrice* (pour l'Irlande), créé par Georges III, le 5 février 1783.

*Ordre de Saint-Michel et de Saint-Georges*, créé le 27 avril 1817. — Cet ordre fut institué pour consacrer le souvenir des traités par lesquels les îles Ioniennes, l'île de Malte et ses dépendances, furent livrées en toute propriété et souveraineté à Sa Majesté Britannique.

*Ordre militaire pour les indigènes des Indes*, créé par la reine Victoria, le 1er mai 1837.

*Ordre de l'Étoile de l'Inde*, créé par la reine Victoria, le 25 juin 1861.

Mais comme l'écrivait récemment encore un philosophe judicieux : « Le monde futur est un monde scellé, dont les secrets sont interdits à notre esprit comme à nos yeux ; nous ne saurions les surprendre sans mourir. » Il faut donc s'incliner devant cette volonté surhumaine, en se pénétrant de cette vérité toute chrétienne, qu'une âme vertueuse ne peut périr, et chercher à relever l'espérance et le courage de son âme affaissée, en puisant sa force dans ce précepte évangélique : « La douleur « selon le monde brise le cœur, la douleur selon Dieu le guérit. »

S'il y avait un adoucissement possible à une telle affliction, elle serait dans la pensée de Dieu et dans la sympathie universelle de l'Angleterre et de l'Europe, dont la reine Victoria fut l'objet en présence d'un aussi grand malheur.

Le prince Albert avait exprimé le désir que ses funérailles fussent privées, et cette dernière volonté fut religieusement observée. Ses obsèques eurent lieu à la chapelle de Saint-Georges, et le cercueil fut déposé provisoirement à l'entrée du caveau royal de Windsor, en attendant l'achèvement du mausolée érigé à la mémoire de l'illustre défunt, d'après les ordres de la reine, sur une colline dépendante des majestueux et solitaires jardins du château de Balmoral (1).

Selon les intentions de la Reine, on a formé en 1863 un précieux recueil de la plupart des principaux discours prononcés par le prince-époux dans des circonstances solennelles ; la préface explicative de cet ouvrage est de M. Guizot ; on y lit : « La reine Victoria a éprouvé le besoin de faire connaître, aimer et honorer partout l'homme qu'elle a tant aimé et honoré elle-même. Dans son deuil elle a trouvé quelque douceur à faire mettre en lumière toutes les qualités, tous les mérites de celui qui lui avait donné si complétement son cœur et sa vie. »

A titre de remercîments pour la part que le célèbre homme d'État et écrivain a prise à la publication française de ce recueil, la Reine envoya à M. Guizot un magnifique exemplaire des discours de son mari : *The principal Speeches and Addresses of H. R. H. the Prince-Consort,* et sur la page avant le titre, Sa Majesté écrivit de sa main :

« *A M. Guizot, en souvenir du meilleur des hommes, et avec l'expression de* « *reconnaissance pour l'hommage sincère qu'il lui a rendu, de la part de sa malheu-* « *reuse veuve.*

« VICTORIA, R. »

Est-il rien de plus touchant et de plus digne que cette simplicité dans la grandeur et cette noble résignation dans la douleur ?

(1) Ce monument funèbre, de forme pyramidale, que la reine Victoria élève à la mémoire du prince Albert, se trouve sur une colline, à peu de distance du château de Balmoral. Construit en pierres à demi taillées, il a 35 pieds carrés à sa base, et 40 pieds de hauteur. Sur sa base septentrionale, on voit une tablette portant cette inscription : « *Parvenu à la perfection en peu de temps, il a rempli sa carrière. Son âme a été agréable au Seigneur, qui s'est hâté de la rappeler à lui et de la tirer du milieu des méchants.* » Sur la face orientale sont gravées les initiales de tous les membres de la famille royale, avec cette date au-dessous : 21 *août* 1862.

# VI

Depuis son mariage avec le prince Albert, la reine Victoria a donné sept héritiers à la couronne d'Angleterre. Ces enfants sont, par ordre de primogéniture : 1° Victoire-Adélaïde-Marie-Louise ; 2° Albert-Édouard, prince de Galles ; 3° Alice-Mathilde-Marie ; 4° Alfred-Ernest-Albert ; 5° Hélène-Augusta-Victoria ; 6° Louise-Caroline-Alberte ; 7° Arthur-William-Patrick-Albert.

D'après la loi anglaise, l'héritier présomptif du trône reçoit, par lettres patentes du souverain le titre de prince de Galles ; il est en outre, par droit de naissance, duc de Cornwall, comte de Chester, duc de Rothsay, comte de Flint et comte de Carrick. Toutefois les membres de la famille royale ne peuvent se marier sans le consentement du souverain sous peine de perdre leurs droits éventuels à la couronne.

Ce consentement, S. M. la reine Victoria a été appelée à le donner déjà trois fois : d'abord pour S. A. R. la princesse Victoire, mariée, le 25 janvier 1858, au prince royal François-Guillaume, fils de Guillaume I^er^, roi de Prusse ; en second lieu, pour S. A. R. la princesse Alice, mariée, le 1^er^ juillet 1862, au prince Frédéric-Guillaume-Louis de Hesse-Darmstadt ; et ensuite pour S. A. R. le prince de Galles, marié, le 19 mars 1863, à la princesse Alexandra, nièce de S. M. le roi de Danemark. De plus, tout semble indiquer que la Grande-Bretagne sera prochainement appelée à célébrer le mariage de S. A. R. la princesse Hélène avec le prince Guillaume de Danemark, récemment élu roi de Grèce.

A l'occasion du mariage du prince de Galles avec la princesse Alexandra, l'Angleterre offrit encore un de ces spectacles imposants, bien rares dans l'histoire, et qui sont une preuve incontestable de la force d'une nation : l'unanimité de tout un peuple, rendant hommage au souverain et au gouvernement qui le régit.

Dans les premiers jours de mars 1863, l'auguste fiancée, accompagnée de ses parents, tous membres de la famille royale de Danemark, quitta Copenhague, sa ville natale, pour se rendre à Londres. Elle passa quelques jours au palais de Bruxelles ; le 6 mars elle s'embarqua à Anvers, et le lendemain 7, à 11 heures, le yacht royal *Victoria and Albert* était en vue du pont de Londres.

La station de Bricklayer's Arms, où la princesse devait débarquer, était transformée en un parterre de fleurs. Des statues allégoriques et des pavillons de toutes les nations en ornaient l'intérieur ; un arc de triomphe en décorait la porte. Les ornements d'argent, les fleurs, les bannières, les écussons de Danemark et d'Angleterre y étaient entremêlés à profusion ; on avait inscrit sur cette porte, la première sous laquelle la princesse, avant d'entrer dans la grande ville, devait passer, le doux mot anglais *welcome* (soyez la bienvenue) ! Ce sentiment était dans tous les cœurs.

Depuis Londres jusqu'à Windsor, le long de la route, des préparatifs analogues avaient été faits. La princesse et les membres de la famille royale de Danemark, accompagnés du prince de Galles, furent reçus, à leur arrivée à Windsor, par S. M. la Reine, LL. AA. RR. la princesse royale de Prusse, la princesse Louise de Hesse, les princesses Hélène, Louise et Béatrix, S. A. R. et I. la duchesse de Brabant, le duc Ernest de Saxe-Cobourg-Gotha, le comte de Flandre et le prince de Linange.

Le mariage fut célébré le 10 mars, dans la chapelle de Saint-Georges à Windsor.

Le fiancé avait à sa droite son beau-frère le prince royal de Prusse, et à sa gauche son oncle, le duc régnant de Saxe-Cobourg-Gotha.

La fiancée avait à sa droite son père, le prince Chrétien de Danemark, et à sa gauche le duc de Cambridge.

Lorsque les trois cortéges eurent défilé tour à tour et pris place dans la nef de la chapelle, les fiancés furent conduits par le lord-chambellan aux siéges qui leur avaient été préparés sur le *haut-pas* près de l'autel. Le siége de la princesse Alexandra se trouvait au-dessous de la tribune royale, occupée, depuis le commencement de la cérémonie, par le personnage le plus élevé parmi tous ces illustres princes et princesses : la Reine, accompagnée de deux dames et d'un gentilhomme de sa Maison. Sa Majesté était en grand deuil; elle avait le bonnet de veuve qu'on porte dans ce pays, et de tous les insignes de la royauté, elle ne portait que le ruban de l'Ordre de la Jarretière.

Le chœur entonna alors un cantique de la composition du prince Albert. Que ce fût cette circonstance et le souvenir de son bonheur perdu, ou l'émotion causée par la cérémonie, à ce moment la Reine se retira, en sanglottant, au fond de la tribune, la figure cachée dans son mouchoir. Sa Majesté reparut bientôt après, pour prendre part au service divin; toutefois, par moments encore, elle s'efforça en vain de retenir quelques gouttes de cette pluie de l'âme, dirait l'auteur des *Harmonies,* larmes sans amertume qui baignent les joues mais qui ne sont pas des pleurs.

Peu d'instants après, le prélat officiant se tourna vers le prince de Galles, et lui adressa ces paroles : — « Albert-Édouard, veux-tu prendre cette femme pour « épouse et vivre avec elle selon la loi de Dieu, dans le saint état du mariage? Veux-tu « l'aimer, la protéger, l'honorer, la maintenir, soit en maladie, soit en santé; et, « abandonnant toute autre, n'aimer qu'elle aussi longtemps que vous vivrez l'un et « l'autre? »

Le prince répondit : — « Je le veux. »

L'archevêque se tourna ensuite vers la princesse Alexandra, et lui dit : — « Alexandra-Caroline-Marie, veux-tu prendre cet homme pour époux et vivre avec « lui selon la loi de Dieu, dans le saint état du mariage? Veux-tu lui obéir, le « servir, l'aimer, l'honorer, soit en maladie, soit en santé, etc.? »

La princesse répondit à voix basse : — « Je le veux. »

Puis l'archevêque dit : — « Qui donne cette femme pour épouse à cet homme? »

Le prince Chrétien prit alors sa fille par la main, et s'approcha avec elle du prince de Galles. S. A. R. mit la main de sa fiancée dans sa main droite, et dit : — « Moi, « Albert-Édouard, je te prends, Alexandra-Caroline-Marie, pour épouse, pour, dès ce « jour, heureuse ou malheureuse, riche ou pauvre, en bonne ou en mauvaise santé, « t'aimer et te chérir jusqu'à ce que la mort nous sépare, et c'est pour cela que je « te donne ma foi. »

Les fiancés séparèrent alors leurs mains, la fiancée prit la main droite du prince, et répéta à son tour la formule, en y ajoutant après « chérir » *et obéir*.

Le fiancé mit ensuite l'anneau nuptial au doigt de la princesse, en disant : « Avec « cet anneau je t'épouse, je t'adore de tout mon corps, et je te dote de tous mes « biens terrestres. Au nom du Père, du Fils et du Saint-Esprit. »

Puis tous deux s'agenouillèrent respectueusement devant l'Archevêque, leurs mains étroitement serrées, et le vénérable prélat les bénit.

Au même instant l'artillerie braquée sur la grande tour du château annonça l'accomplissement de la cérémonie.

Les nouveaux époux, debout l'un à côté de l'autre, adressèrent alors à la Reine un salut filial, et le cortége se reforma pour retourner au château, où le mariage fut attesté dans les formes voulues. LL. AA. RR. le prince et la princesse de Galles, après avoir fait une courte apparition au déjeuner de noces, se rendirent à Osborne (1).

L'enthousiasme du peuple anglais pour la souveraine et pour le couple royal, ses bénédictions unanimes, ses cris d'allégresse, furent, à cette occasion encore, une manifestation aussi éclatante que significative de la sympathie, du respect et de la satisfaction de toute l'Angleterre pour la Reine et la famille royale. Cette manifestation offrit à l'auguste veuve quelques heures durant lesquelles les larmes firent sans doute place au sourire, et consacrèrent une fois de plus cette grande vérité : « Par la douleur selon Dieu, on arrive à la joie de Dieu ! »

(1) En 1863, peu de mois après ce mariage, le diplôme de bourgeois de la Cité de Londres fut présenté au prince de Galles dans une boîte d'or de très-grand prix. Elle a sept pouces et demi de long, six pouces de largeur et huit de hauteur; elle est émaillée et décorée de divers ornements. Sur la partie supérieure est gravé un modèle de la couronne royale du prince. Sur un autre côté on remarque les initiales du prince et de la princesse, en or fin sur un fond d'émail bleu; une plaque porte cette inscription : « Rose, maire. Offert par la corporation de Londres, avec le diplôme de bourgeois « de la Cité, à S. A. R. le prince de Galles, lundi 8 juin 1863. »

21 Juillet 1863.

GALERIE HISTORIQUE

GÉNÉALOGIQUE ET BIOGRAPHIQUE

# DES SOUVERAINS

EUROPÉENS OU ORIGINAIRES DE L'EUROPE,

## ACTUELLEMENT RÉGNANTS

(1862-1863)

Ouvrage rédigé d'après des notices, rapports, pièces et documents officiels, des informations particulières et des correspondances diplomatiques spéciales,

**Par Gustave Oppelt,**

CHEVALIER DE L'ORDRE IMPÉRIAL DE LA LÉGION D'HONNEUR, DÉCORÉ DE LA CROIX DE MÉRITE, DE L'ORDRE DE LA BRANCHE ERNESTINE DE SAXE, ETC.

### CONDITIONS DE SOUSCRIPTION.

La *Galerie historique, généalogique et biographique des Souverains* se publie par livraisons de 16 pages in-folio, imprimées avec le plus grand soin sur magnifique papier vélin, en tout semblable au Prospectus-Spécimen.

L'ouvrage se composera de cent livraisons environ et formera cinq magnifiques volumes.

Pour les souscripteurs, le prix de chaque livraison est de fr. 2-50, payable au moment de la réception. Ce prix est de fr. 3-50 pour les non-souscripteurs.

En souscrivant pour l'ouvrage complet, on a la faculté de signer, également au prix de fr. 2-50 la livraison, pour un nombre supplémentaire d'exemplaires séparés de telle ou telle notice biographique de cette Galerie.

Il paraît une livraison au moins tous les quinze jours.

La dernière livraison contiendra la préface, les titres et tables des cinq volumes, et sera accompagnée d'une Table Générale, indiquant la division de ces volumes et le classement des notices.

---

On souscrit à Bruxelles, chez A. Mertens et Fils, imprimeurs, rue de l'Escalier, 22, et chez l'auteur, rue de la Bienfaisance, 6 (Station du Nord).

---

### DERNIÈRES PUBLICATIONS DE M. GUSTAVE OPPELT :

HISTOIRE GÉNÉRALE

ET CHRONOLOGIQUE

**DE LA BELGIQUE**

DE 1830 A 1860,

**Avec une introduction remontant à 1787.**

---

RELATION HISTORIQUE

DES

**SOLENNITÉS NATIONALES**

QUI ONT EU LIEU

**EN BELGIQUE DE 1855 A 1856;**

Majorité politique de S. A. R. le Duc de Brabant. — Mariage de l'héritier présomptif du trône. — Anniversaire de vingt-cinq années du règne de S. M. Léopold Ier.

Édition de luxe, illustrée de magnifiques portraits de la Famille Royale de Belgique.

---

ANNALES HISTORIQUES

**DU MOYEN-AGE,**

A L'USAGE

Des Colléges et des Établissements d'instruction publique.

---

TRAITÉ GÉNÉRAL

DE

**COMPTABILITÉ COMMERCIALE**

INDUSTRIELLE ET ADMINISTRATIVE,

ADOPTÉ POUR L'ENSEIGNEMENT;

---

UNITÉ ALLEMANDE.

**LE DUC DE GOTHA**

ET SON PEUPLE.

Traduction de la brochure allemande de S. A. R. le Duc de Saxe-Cobourg-Gotha.

www.ingramcontent.com/pod-product-compliance
Ingram Content Group UK Ltd.
Pitfield, Milton Keynes, MK11 3LW, UK
UKHW020352250726
13967UKWH00005B/2232

9 782013 058896